AF283927

Copyright © 2014 Instituto Monsa de Ediciones

Editor, concept and project director
Josep Mª Minguet

Co-author
Carolina Amell

Art director, design and layout
Carolina Amell
(Monsa Publications)

Cover design
Monsa Publications

Instituto Monsa de Ediciones
Gravina, 43 (08930)
Sant Adrià del Besòs
Barcelona
Tel (34) 93 381 00 50
Fax (34) 93 381 00 93
monsa@monsa.com
www.monsa.com

Visit our official online store!
www.monsashop.com

Follow us on facebook!
www.facebook.com/monsashop

ISBN 978-84-15829-76-8

D.L. B 22665-2014

Printed in Spain by Índice

needle work
stitched illustration
ilustración con hilo

BY CAROLINA AMELL

monsa

Intro

We are facing a book that puts aside the traditional techniques applied to illustration as pencil, watercolor, pen ... where artists get their works to life, volume and texture through a raw material such as thread.

Fresh and innovative works reflected on different materials like fabric in the case of artists like Miyuki Sakai, Orly Cogan & Alaina Varrone or on pictures like Jose Romussi & Hagar Vardimon Van Heummen or even works that are being started with pencil like Ana Teresa Barboza does, as just giving more colour and aspect through the thread, getting a much more powerful final effect.

The book presents an international selection of artists where we can find a brief biography of their life and experiences and where they have selected the different pieces shown below.

Nos encontramos ante un libro en el que dejamos a un lado las técnicas tradicionales aplicadas a la ilustración como el lápiz, acuarela, rotulador... donde a través de una materia prima como es el hilo, los artistas consiguen que sus obras cobren vida, volumen y textura.

Trabajos frescos e innovadores donde plasman sus obras sobre diferentes materiales como la tela en el caso de los artistas Miyuki Sakai, Orly Cogan & Alaina Varrone, o sobre fotografías como nos muestran Jose Romussi & Hagar Vardimon Van Heummen o incluso trabajos que se inician a lápiz como los de Ana Teresa Barboza y que acaba dándole más color y dimensión a través del hilo, consiguiendo un efecto final mucho más impactante.

El libro presenta una selección internacional de artistas, en el que encontraremos una breve biografía sobre su trayectoria y sus experiencias y donde ellos mismos han seleccionado las diferentes obras que mostramos a continuación.

29
75
153
37
133
185
113
127
47
23
141
159
11
55
181

index

11 Julie Sarloutte
23 Briar Mark
29 Hagar Van Heummen
37 Tyler Varsell
43 Jose Romussi
47 Alaina Varrone
55 Orly Cogan
61 Tabitha Moses
67 Ana Teresa Barboza
75 Anna Khokhlova
83 Maricor/Maricar
89 Ulla Jokisalo
95 Max Colby
101 Miyuki Sakai
113 Takashi Iwasaki
119 María Aparicio Puentes
127 Julie Cockburn
133 Diane Meyer
141 Laura Mckellar
145 Aurelie William Levaux
153 Víctor Espinoza
159 André Azevedo
165 Jazmín Berakha
169 Rosie James
173 Stephanie Kelly
181 Sophie Strong
185 Beni Rivas

julie sarloutte

jsarloutte.tumblr.com // juliesarloutte.wix.com/juliesarloutte

Julia Sarloutte is a French artist awarded a diploma in Belles Artes in Paris.
She uses elements of popular culture and everyday life, at times violent, as in disasters, wars, repression, taking hostages and those ever-present in the media. She also uses lighter elements taken from TV series or movies.
Interpreting the fascination of the big screen, she takes the time to create a highly detailed piece of embroidery about something which generally occurs in a fraction of a second.
The action of deviating embroidered images allows Julia to adapt and alleviate violence, weakening the aggression through the material and by the kitsch overtone of a practice usually reserved to ladies of a certain age. This deviation also brings an element of surprise as the piece usually has a feminine overtone which she often uses to represent largely masculine scenes of violence. The result is a sharp contrast between the means of portraying the image and the image itself.
Embroidery might appear to be a peaceful task, there is however a violent aspect to sewing, spending hours threading a needle through fabric (and often the fingers). It gives the impression of being in live flesh, even more so by the tension caused by tight threads, creating a muscular trait. It appears to be stitching up the scars of life.

Julia Sarloutte es una artista francesa diplomada en Bellas Artes en París.
Utiliza elementos de la cultura popular y de la vida cotidiana, a menudo violentos como pueden ser las catástrofes, guerras, represiones urbanas, toma de rehenes, y que están omnipresentes en los medios de comunicación. También utiliza elementos más ligeros provenientes de series de televisión o películas.
Interpretando la fascinación que ejerce la pantalla, se toma el tiempo de realizar un bordado minucioso con aquello que en general pasa en una fracción de segundo.
El hecho de desviar esas imágenes bordadas le permite apropiárselas y atenuar la violencia haciéndola mas suave a traves de la materia y por la connotación kitsch de un medio generalmente reservado a las damas de una cierta edad. Esta desviación le permite también sorprender, ya que el encaje tiene de costumbre una connotación femenina y ella la utiliza para representar a menudo escenas de violencia, generalmente masculina. De esta forma se produce un fuerte contraste entre las imágenes representadas y el soporte utilizado.
Bordar podrá parecer algo suave en su realización, sin embargo el hecho de coser tiene algo de violento por el hecho de pasar horas a atravesar la tela (y a menudo las manos) con una aguja. Da la impresión de estar en carne viva, y más aun debido a la tensión creada por los hilos tensos que le dan un aspecto muscular. Parece estar cosiendo las cicatrices de la vida.

On the left page: > In a situation of balance. 2013, 20x30 cm.

> Manifestation. 2013, 20x50 cm.
On the next page: > Contrôle, 35 x 50 cm, 2014.

< Dead man.
2013, 38x55 cm.

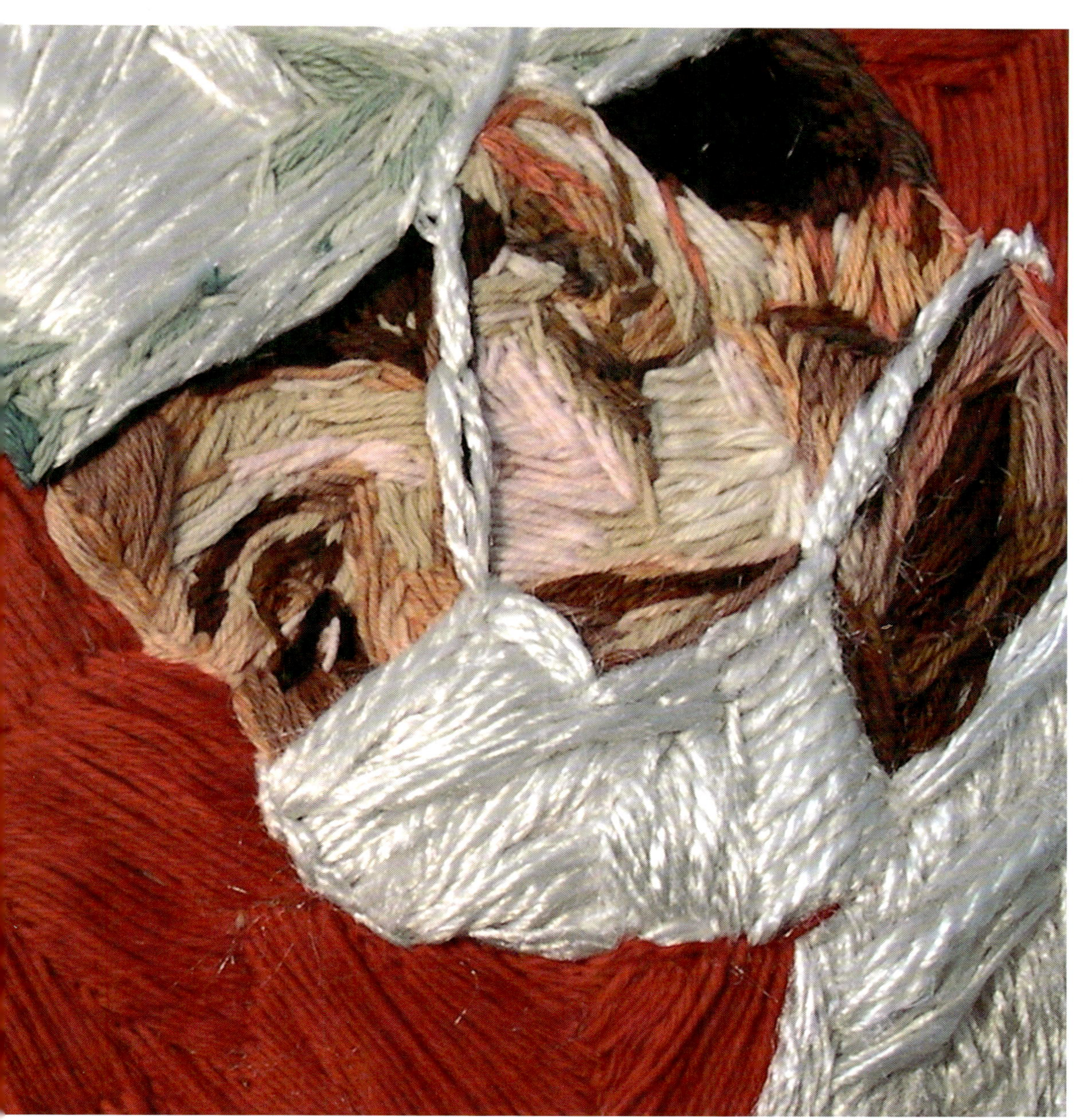

> Chirurgien, 2014, zoom.

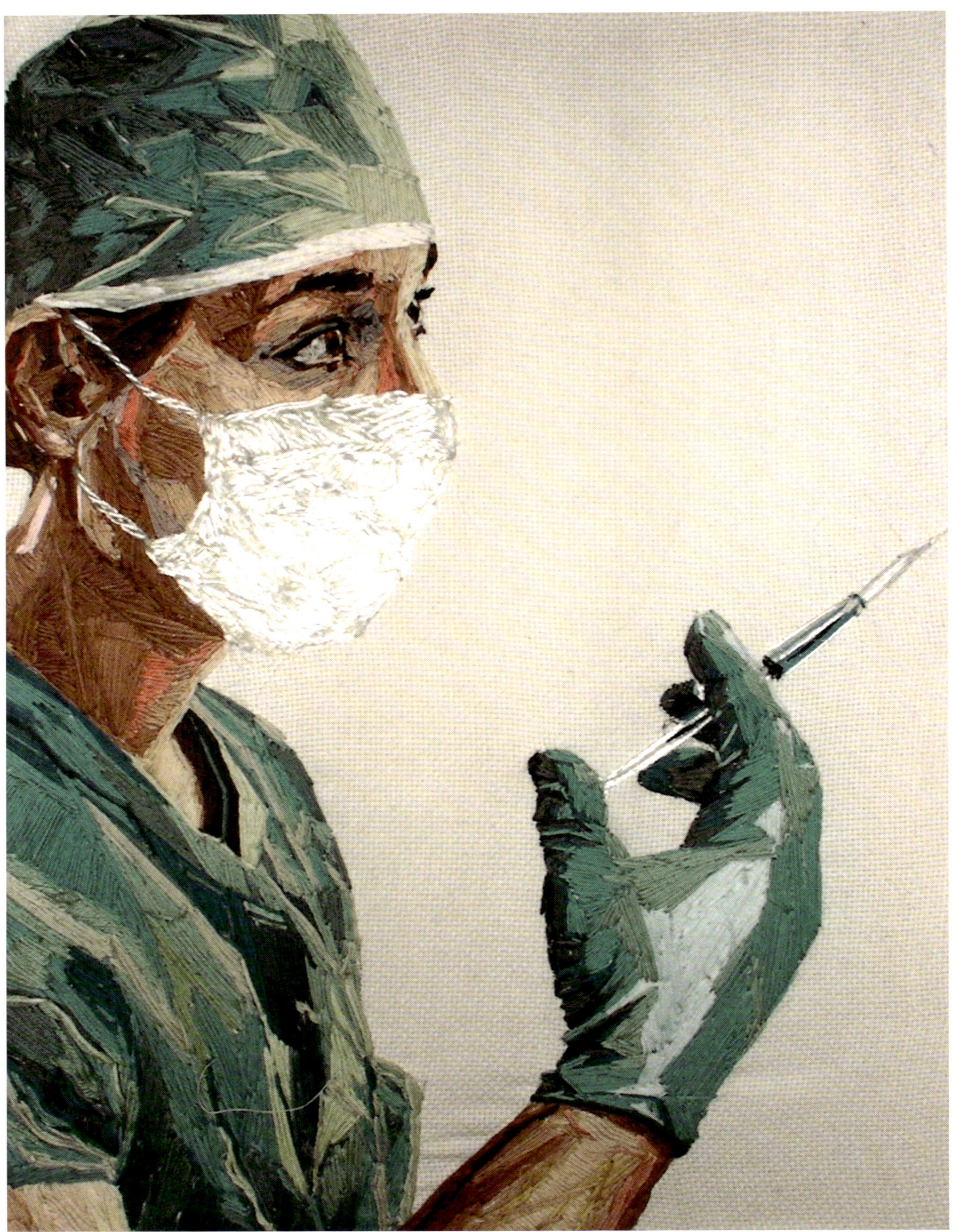

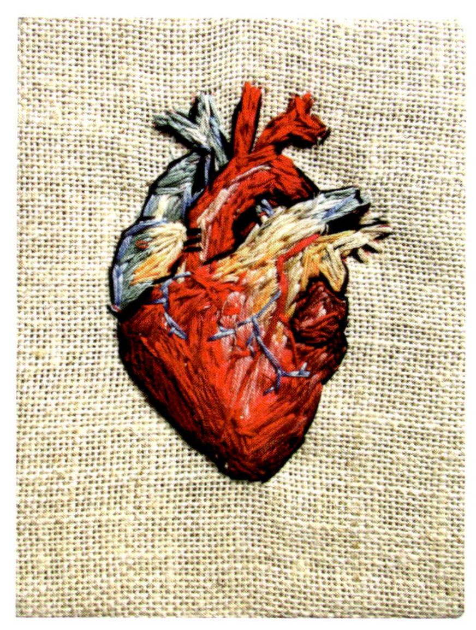

> Because I took your pulse. 2013, triptych, dimention lost.

iCraft

23

briar mark

www.briarmark.co.nz

Briar Mark graduated AUT University in 2011 with a Bachelor's Degree in Graphic Design. Her work is a continuation of her final project at university exploring the relationship between craft and design. Upon graduation her project was selected for the annual Best In Show exhibition at Objectspace Gallery, was a finalist in the 2012 New Zealand Best Design Awards and in 2013 was selected for an international craft exhibition in Munich, Talente. Briar is now working as a graphic designer at a small branding studio in Auckland.

This project explores the relationship between graphic design and handcraft. What is it about the two disciplines that make them so different? And furthermore what are the similarities?

One of the most obvious aspects of craft is the sheer amount of time it takes. Something that could be done in under a minute on the computer would take a few hours, if not days, to stitch. In a world where time is a commodity and the graphic design profession has a quick turnaround, craft is the complete antithesis.

What really interested Briar was the relationship between the technical aspects of printing and how that could be interpreted through craft. Particularly with the idea of overprinting and how that could be replicated in stitched medium.

Briar Mark se graduó por la Universidad AUT en 2011 en Diseño Gráfico. Sus obras son una continuación de su proyecto final de carrera, en el que explora la relación entre artesanía y diseño. Tras graduarse, su proyecto fue seleccionado para la exposición anual Best In Show en la galería Objectspace, resultó finalista en 2012 en los premios Best Design de Nueva Zelanda y en 2013 fue elegido para la exposición artesanal internacional Talente de Múnich. Briar trabaja actualmente como diseñadora gráfica en un pequeño estudio de Auckland que se dedica a la creación de marcas.

Este proyecto explora la relación entre el diseño gráfico y los trabajos artesanales. ¿Qué es lo que hace que las dos disciplinas sean tan diferentes? ¿Y en qué se parecen?

Uno de las características más obvias de la artesanía es la cantidad de tiempo real que requiere. Algo que podría hacerse en un minuto con un ordenador requeriría horas, si no días, para bordarlo. En un mundo en el que el tiempo es una materia prima y la profesión de diseñador gráfico tiene plazos de entrega muy breves, la artesanía es una auténtica antítesis.

Lo que realmente le interesaba a Briar era la relación entre los aspectos técnicos de la impresión y cómo eso podía interpretarse a través de la artesanía, en concreto con la idea de la sobreimpresión y cómo ello podría reproducirse cosiendo.

> Overprint "A"

> This would have taken 8 seconds to type

> I could have done this on my Mac

> I could have done this on my Mac

hagar vardimon van heummen

www.happy-red-fish.com

The prerequisite for Hagar Vardimon Van Heummen's creative process is that she never starts with a blank canvas. She prefers to start with a dialog, a journey of adding depth and layers to the existing work.

Threading through an image, she is stitching and connecting the time dimensions; past and present. Telling a new story through threads, creating a new layer that was not there before. Connecting lines, creating anchors in the space around the images.

The images she chooses to work with are from old photo albums of families she doesn't know, in places she has never been. Carefully selected images that have something special about them, touching her own personal memories.

El requisito previo para el proceso creativo de Hagar Vardimon Van Heummen es que ella nunca empieza con un lienzo en blanco; prefiere comenzar con un diálogo, un viaje basado en añadir profundidad y capas a una obra existente.

Al bordar la imagen, cose y conecta las dimensiones temporales, el pasado y el presente, contando una nueva historia mediante los hilos y creando una nueva capa que no estaba ahí antes. Conecta líneas y crea anclas en el espacio alrededor de las imágenes. Las representaciones que elige para trabajar provienen de viejos álbumes de fotos de familias que no conoce y de lugares en los que nunca ha estado. Son imágenes seleccionadas cuidadosamente que tienen algo especial y que le traen a la memoria recuerdos personales.

> Keeping the appearance,threads on heavy weight paper, 18x25cm, 2014
On the right page: > Cyclist, threads on heavy weight paper, 18x25cm, 2014

> New Glory 1,Threads on paper, 13x20cm, 2012

> New Glory 2, Threads on paper, 13x20cm, 2012

> There is a Totem in my front yard, threads on heavy weight paper, 7cm, 2014

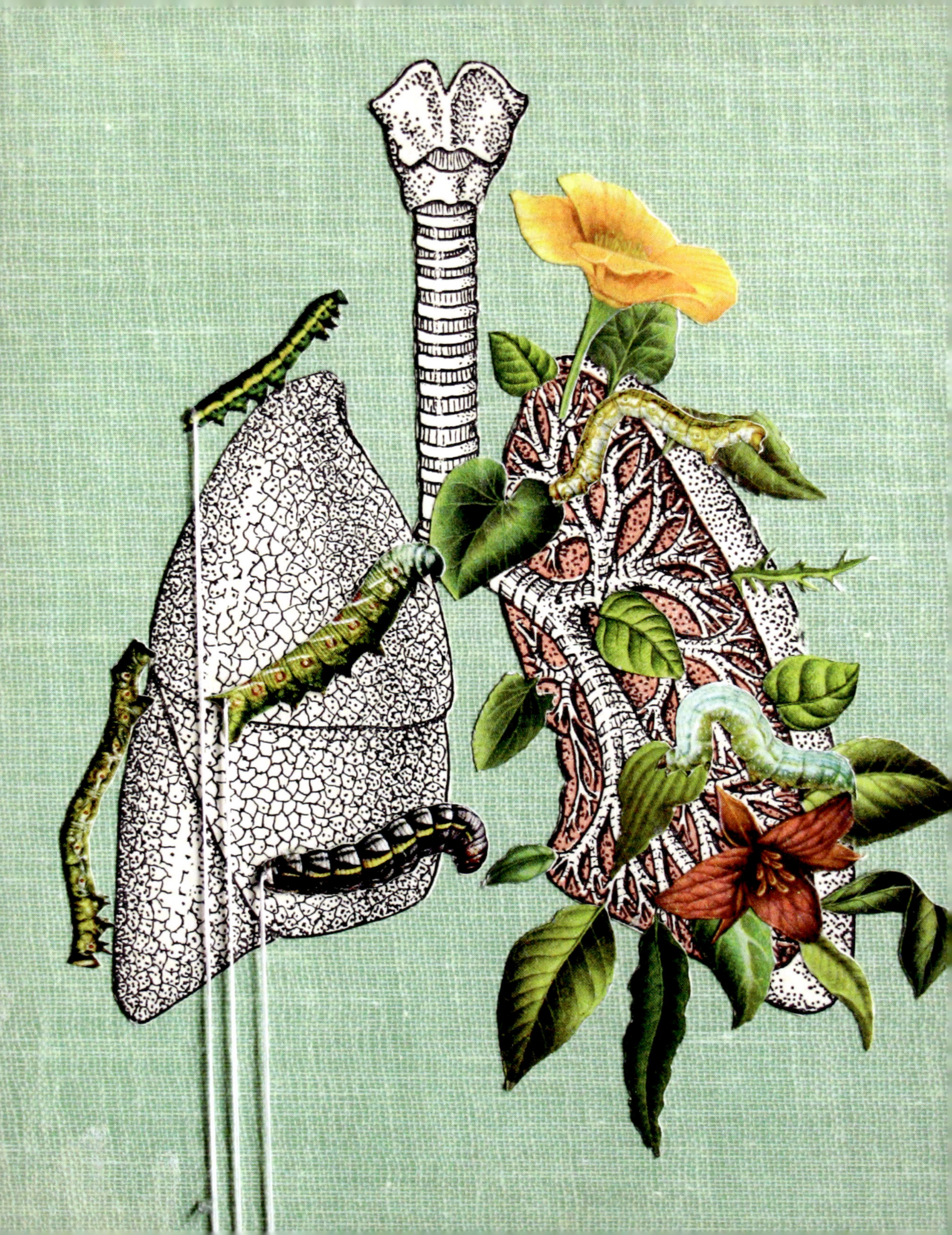

tyler varsell

Website: www.tylervarsell.com / Blog: tylervarsell.tumblr.com

Tyler Varsell works full-time as a web and social media manager for an independent school in Connecticut, USA. She graduated from the University of Hartford in 2011, with a bachelor's degree in Multimedia Web Design & Development. Tyler has been working in collage and mixed media since 2005, which began through the art of altered books and has developed to include works on canvas, paper, book covers, and antique cabinet card stock. Most recently, the majority of her work involves embroidery or needle work in some way, as Tyler enjoys bringing such a traditional craft medium into the realm of fine art. Tyler has been active in sharing her work with the online art community, and has exhibited her work locally and abroad.

Tyler Varsell trabaja a jornada completa como supervisora de páginas web y redes sociales para un colegio privado de Connecticut, Estados Unidos. Se graduó por la Universidad de Hartford en 2011 en Diseño y Desarrollo Web Multimedia. Tyler trabaja con collages y técnicas mixtas desde 2005. Empezó retocando libros y ha evolucionado hasta incluir en sus obras lienzos, papel, cubiertas de libros y un surtido de fotografías antiguas. Últimamente, la mayoría de sus trabajos incluyen bordados o utiliza hilo y aguja de algún modo, puesto que Tyler disfruta aportando un medio tan artesanal y tradicional al campo de las artes plásticas. Además, comparte sus obras con la comunidad artística en línea y estas han sido expuestas tanto en su localidad como en el extranjero.

> Untitled, 2012

> Nucleus, 2012

> New, 2012

> Inventors, 2012

jose romussi

www.joseromussi.com

Jose Romussi was born in Chile where he studied landscape design.
Over the past few years he has gained a signicant following for his silk screens and collages in which he combines black and white photographs with colorful forms of embroidery. Since 2011 he lives and works in Berlin.

Statement
»My work is a constant search to express and represent my ideas. My occurring artworks are a reaction of my inspiration. This starts with an image, that inspires me in certain way to do an embroidery that changes it into a new one. I am always searching for a new sense of interpretation for my pieces. My technique for that is using thread as the medium to merge different time spaces. I am not afraid of breaking a picture, the important thing for me is using embroidery, a technique not usually used on paper, to do it on a photograph, because this is a part of the process. I intervene images by applying my own perception of beauty to them. Sometimes by giving them a new identity or a different aesthetic concept. It's the chance to give this image a new emotion, a new life, a new interpretation of beauty through embroidering.«

José Romussi nació en Chile, donde estudio diseño paisajístico.
Durante los últimos años ha ganado muchos seguidores gracias a sus serigrafías y collages, en los que combina fotografías en blanco y negro con formas bordadas llenas de color. Desde 2011 vive y trabaja en Berlín.

Declaración:
«Mi trabajo consiste en una búsqueda constante para expresar y representar mis ideas. Mis ilustraciones son una respuesta a mi inspiración. Todo empieza con una imagen que me inspira de alguna manera para hacer un bordado que se transforma en uno nuevo. Siempre estoy buscando dar un nuevo sentido interpretativo a mis obras. Mi técnica consiste en usar el hilo como medio para fusionar distintos espacios temporales. No tengo miedo a romper una imagen; lo importante para mí es el bordado, una técnica que no se suele emplear con papel o con una fotografía, porque es una parte del proceso. Interpongo imágenes aplicando mi propia percepción de la belleza sobre ellas y, en ocasiones, dándoles una nueva identidad o un concepto estético distinto. Es la oportunidad de dar a esta imagen una nueva emoción, una nueva vida y una nueva interpretación de la belleza mediante el bordado».

On the left page: > Collages 2 , Name the artwork: Lines , 2012

> String Figure, Name of the artwork: Artcannont, 2013, Collaboration with photographer Rocio Aguirre, (Chile)

> Dance, Name of the artwork: Diana Adams, 2012

alaina varrone

www.alaina-varrone.com

Alaina Varrone is an embroidery artist from New Haven, Connecticut. Born in 1982 to a family of weirdos and storytellers, she uses this natural creativity to tell her own stories in thread. She attended Maryland Institute College of Art as a fiber arts student, then attended Columbia University to study cultural anthropology with a concentration in theology. She is influenced by history, culture, and the esoteric, with a focus on strong female characters.

Alaina Varrone es una artista del bordado procedente de New Haven, Connecticut. Nacida en 1982 en una familia de bichos raros y escritores, ella utiliza esta creatividad natural para explicar sus propias historias con hilo. Fue al Colegio de Bellas Artes de Maryland como estudiante de arte textil y después fue a la Universidad de Columbia para estudiar Antropología Cultural y se especializó en Teología. Sus fuentes de inspiración son la historia, la cultura y el mundo esotérico y se centra sobre todo en personajes fuertes femeninos.

On the left page: > Aligator float

> Girls night out

> Besties

> Pool girls

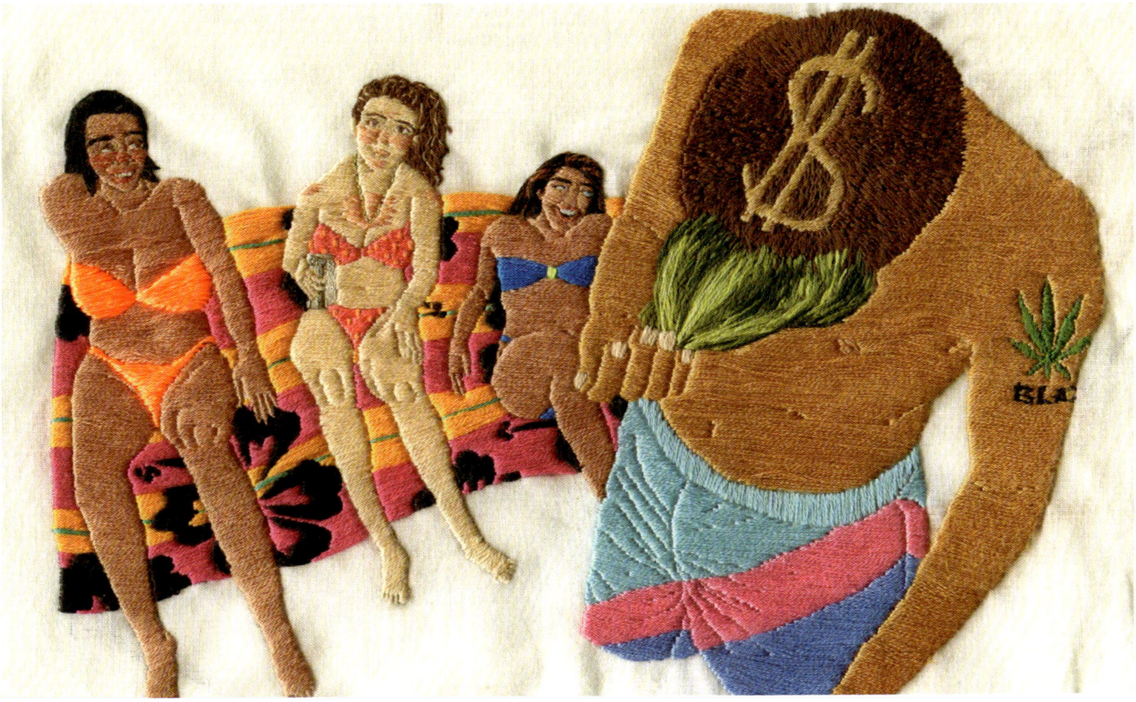

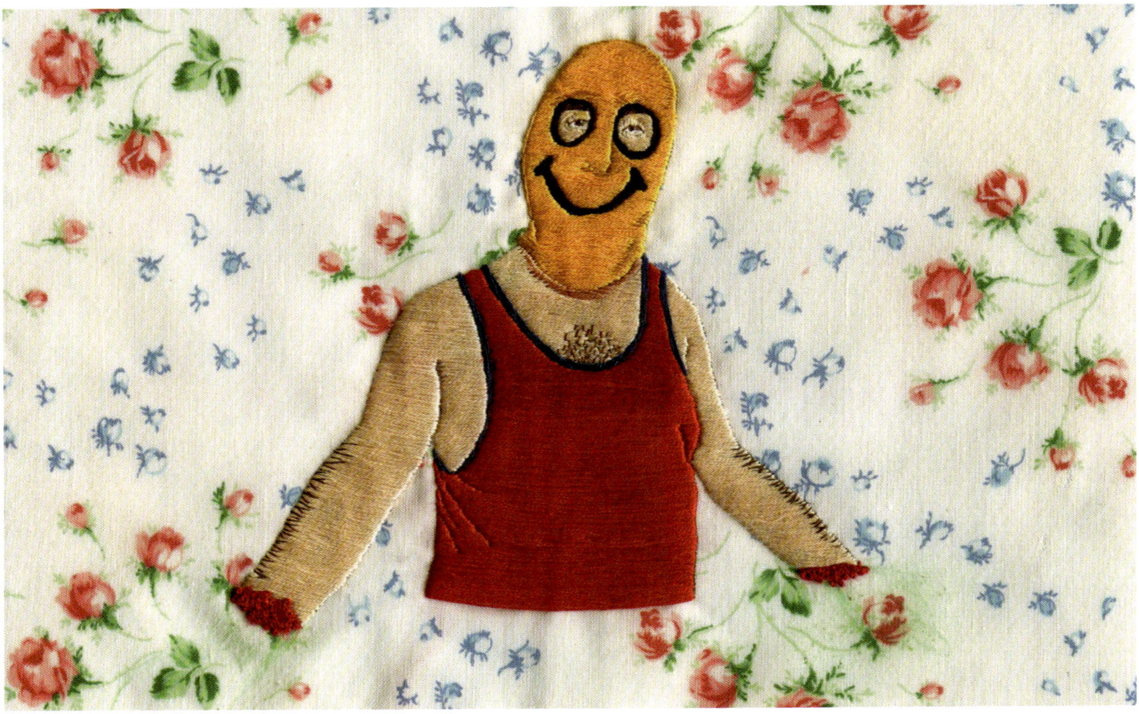

Top > Cool guy Bottom > Manchild

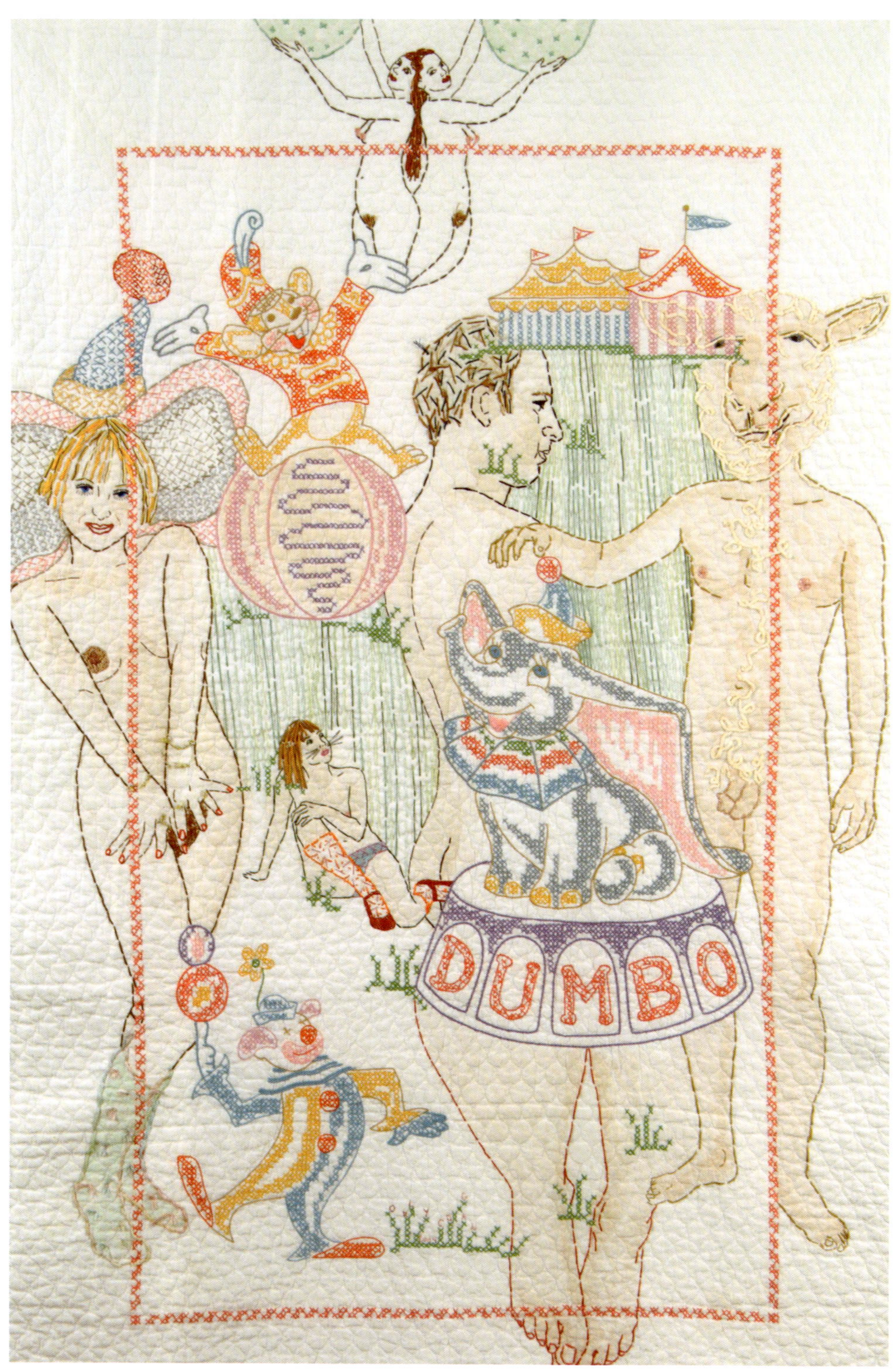

DUMBO

orly cogan

www.orlycogan.com

The New York-based artist Orly Cogan, who was born in Israel, works with vintage textiles—table linens, dresser scarves, bed sheets, and children's quilts—that have often been already embroidered in a more modest era. Through her own hand stitching and embroidery, she updates their contents to incorporate the unladylike reality and wit of contemporary women—their struggles and the stereotypes they have created for themselves, which must now be overcome. These struggles are in all probability very different from those of the earlier generation of women who originally embroidered the textiles she uses. The updates include, for example, concerns with fertility,feminism and power plays in relationships, sexuality, food and drug addictions, all of which challenge childhood fairytales embedded with prince/princess stereotypes. Ultimately, Cogan's quest is to define the role of women in current society, all the while honoring the labors of the past. She does this seamlessly with humor and irony, updating role models by infusing fantasy and whimsy with a dose of domestic reality.

La artista afincada en Nueva York Orly Cogan, nacida en Israel, trabaja con telas antiguas, como manteles, tapetes, sábanas y edredones infantiles, que ya fueron bordados en una época más modesta. Al coser y bordar con sus propias manos, actualiza su contenido para incorporar una realidad menos refinada y más acorde con las mujeres modernas: sus luchas y los estereotipos que han creado para ellas mismas, que ahora deben superarse. Lo más probable es que estas luchas sean muy diferentes a las de la generación anterior de mujeres que bordaron inicialmente las telas que ella emplea. Las modernizaciones tratan, por ejemplo, temas relacionados con la fertilidad y el feminismo y el papel que juega el poder en las relaciones, la sexualidad, la comida y las drogas, lo cual es un desafío hacia los cuentos de hadas infantiles repletos de estereotipos de príncipes o princesas. Por último, la búsqueda de Cogan consiste en definir el papel de las mujeres en la sociedad actual al mismo tiempo que honra las labores del pasado. Lo realiza a la perfección con humor e ironía al modernizar los modelos a seguir infundiéndoles fantasía y rarezas con un toque de realidad doméstica.

On the left page: > Dumbo. 47x30 inches

DAFFODIL

> Green Haze. 50x43 inches

> The Wonder of You. 35x35 inches

> Bitter Sweet Obsession. 50x50 inches

> Fairytale. 94x80 inches

tabitha moses

www.tabithamoses.co.uk
photos by Matt Thomas

Tabitha Moses is an artist whose practice is rooted in the meanings and possibilities of materials. Fabric and stitch are central to her work - through the language of textiles Tabitha uncovers rich connections and latent emotions. She is interested in the transformation of discarded or overlooked subjects and materials into objects that speak with eloquence of the human experience.

At the Slaughterhouse is a series of hand-embroidered images of Lahori slaughtermen. It is part of a larger body of work made in response to a trip the artist made to Pakistan during 2006.

Tabitha Moses es una artista cuya técnica se basa en los significados y posibilidades de los materiales. La tela y la costura son la base de sus obras. Mediante el lenguaje de las telas, Tabitha destapa conexiones ricas y emociones latentes. Le interesa la transformación de sujetos o materiales desechados o ignorados en objetos que hablan elocuentemente de la experiencia humana.

«At the Slaughterhouse» (En el matadero) es una serie de imágenes bordadas a mano centrada en los matarifes de Lahori. Forma parte de una obra más grande llevada a cabo como respuesta a un viaje que la artista hizo a Pakistán en 2006.

On the left page: > At the Slaughterhouse. 2011

> At the Slaughterhouse. 2011

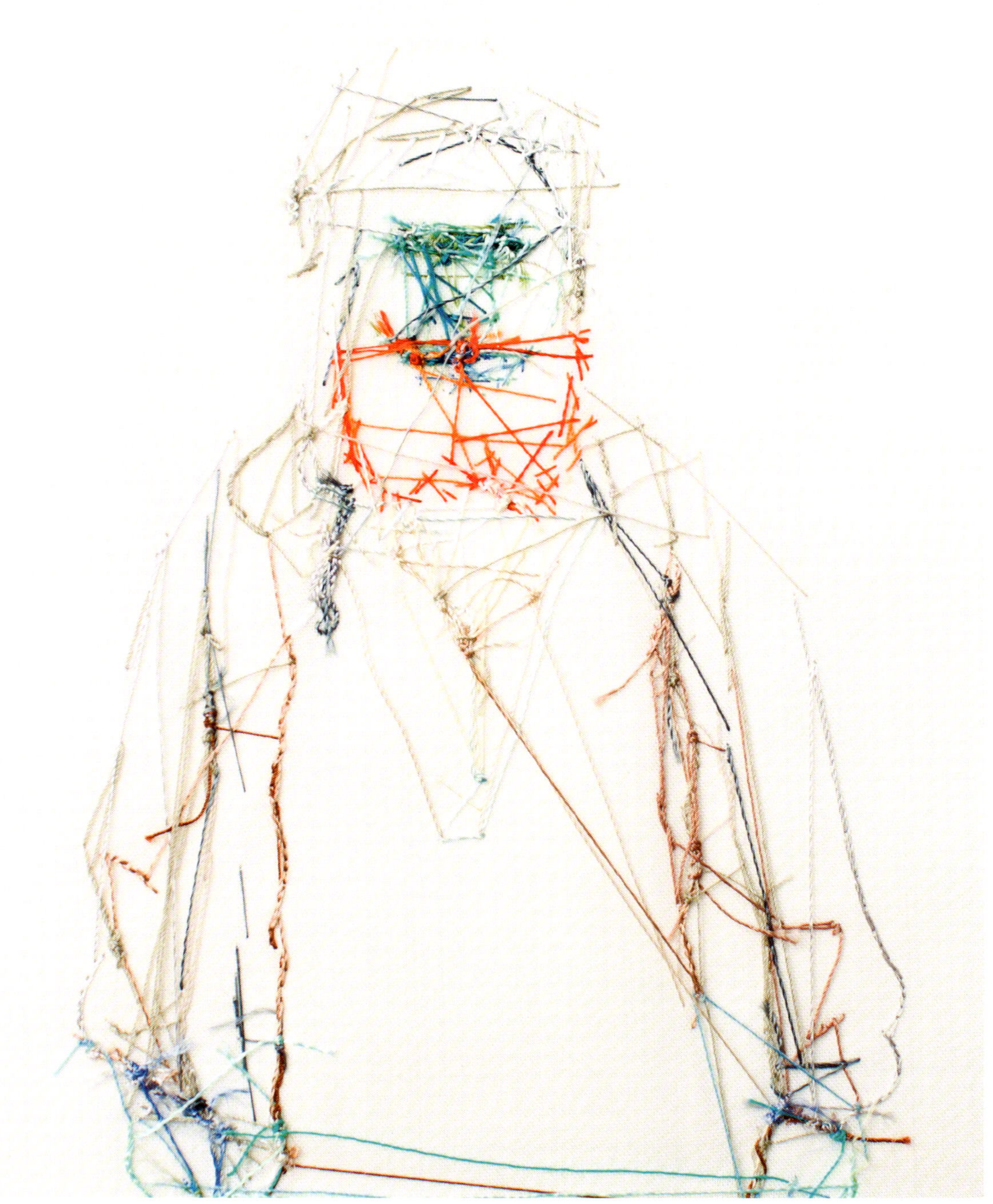

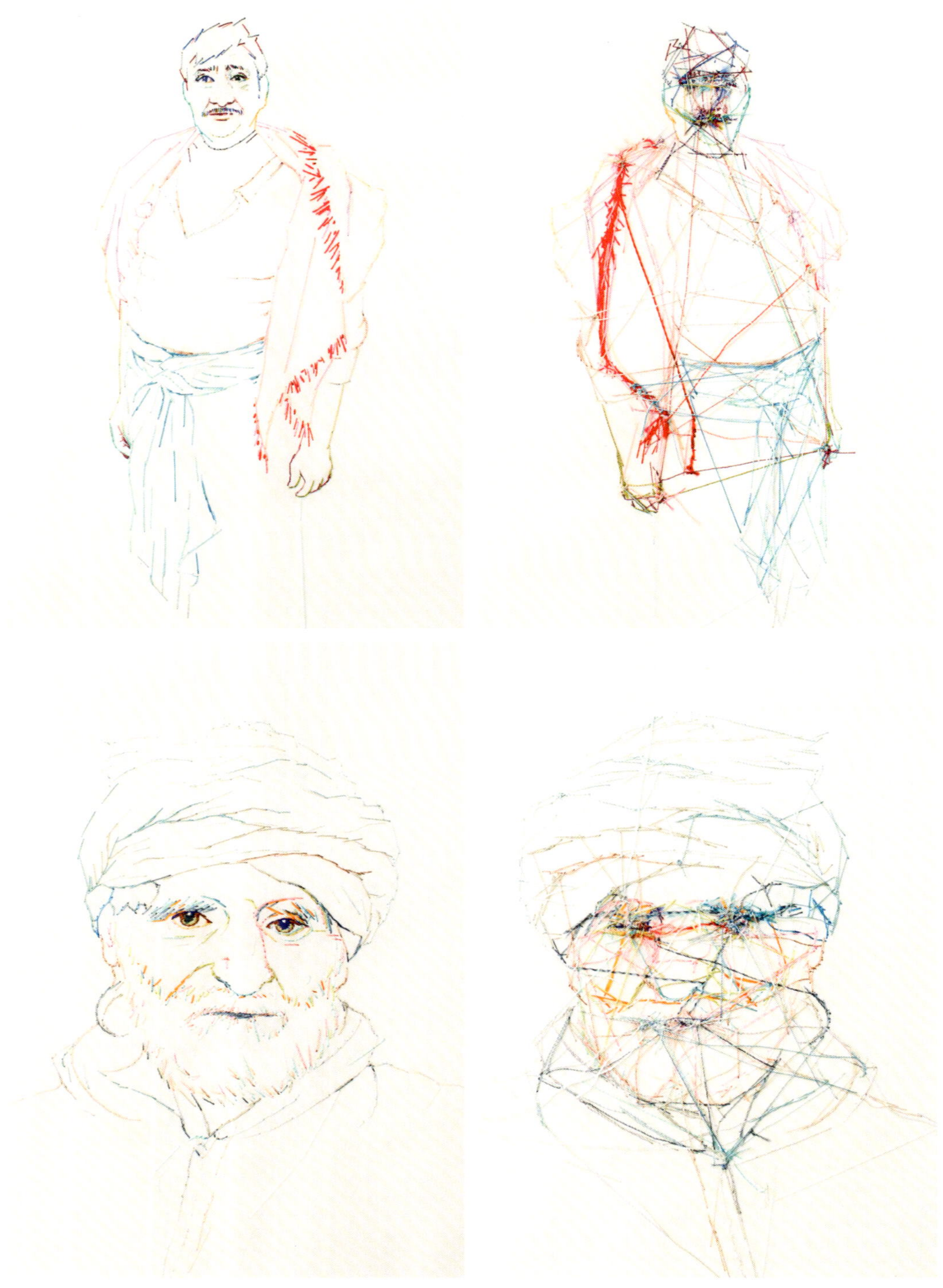

> At the Slaughterhouse. 2011

> At the Slaughterhouse. 2011

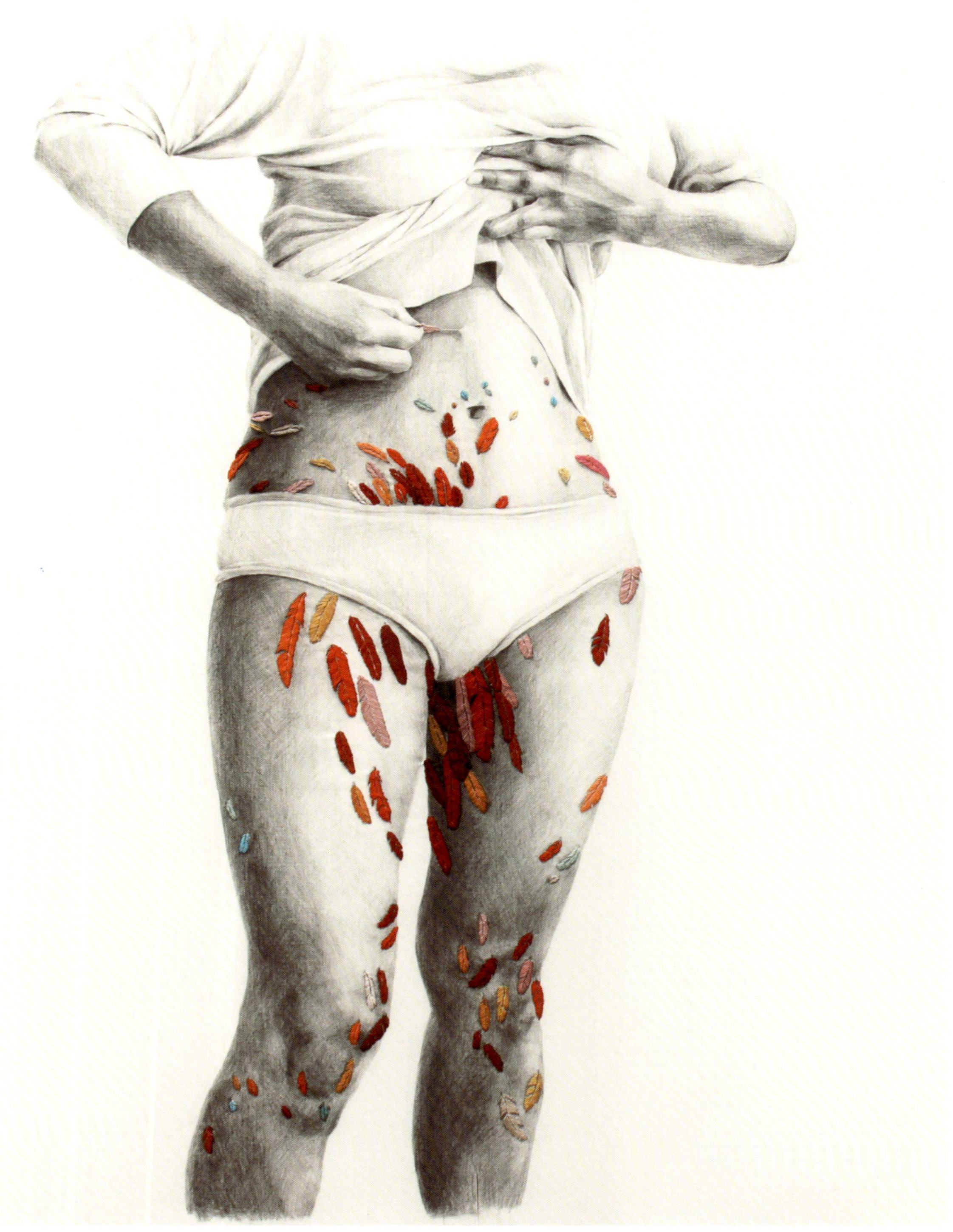

ana teresa barboza

www.anateresabarboza.blogspot.com

Ana works with threads, wool and fabrics to produce embroidered and knitted images mixed with the media of drawing. She has been employing these techniques for several years enjoying the feeling of hand craft and the possibility of using her hands to transform different materials. Initially, she used the body and skin to embroider them as tissue, suturing and decorating them. Later, she moved on to clothes and particularly the dress as language to reflect the different relationships we establish with other people. Currently, she has delved into the topic of relationships but more instinctively, using animal representations intertwined with humans, to create tension between them.

Ana believes that embroidery has given her another layer of information about the image and a new relationship between the image and the technique she uses. With her embroidery and knitting Ana wishes to make a parallel between the process of handcraft creation and the process of nature. For example, she believes that creating structures with threads is similar to how a plant forms its own tissues. The knitting in the works, approaches us to nature, forcing us to change our view of nature, exploring its structures and processes. Her proposal consist of intervening the natural process in order to continue what nature has already begun, transforming but respecting its natural flux and structure and rescuing the manual work in the process.

Ana trabaja con hilos, lana y telas para producir imágenes bordadas y tejidas mezcladas con dibujos. Lleva utilizando estas técnicas durante varios años y disfruta de las sensaciones del trabajo artesanal y de la posibilidad de utilizar sus manos para transformar diferentes materiales. Al principio utilizaba el cuerpo y la piel para bordarlos como un tejido, cosiéndolos y decorándolos. Más tarde, pasó a trabajar con ropa, en especial con vestidos, que utilizaba como lenguaje para reflejar las distintas relaciones que establecemos con otras personas. Actualmente, ha profundizado en el tema de las relaciones pero de una forma más instintiva, utilizando representaciones de animales mezcladas con humanos para crear tensión entre ellos. Ana cree que el bordado le aporta más información sobre la imagen y una nueva relación entre la imagen y las técnicas que utiliza. Con sus bordados y tejidos, Ana pretende hacer un paralelismo entre el proceso de creación artesanal y el proceso de la naturaleza. Por ejemplo, considera que crear estructuras con hilos es similar a cómo una planta forma sus propios tejidos. El tejido de sus obras nos acerca a la naturaleza forzándonos a cambiar nuestro punto de vista respecto a la naturaleza y explorando sus estructuras y procesos. Su propuesta consiste en intervenir en los procesos naturales para continuar lo que la naturaleza ya ha empezado transformando pero respetando su flujo y su estructura naturales y rescatando el trabajo manual en el proceso.

On the left page: > Animales familiares

> Animales familiares

> Animales familiares

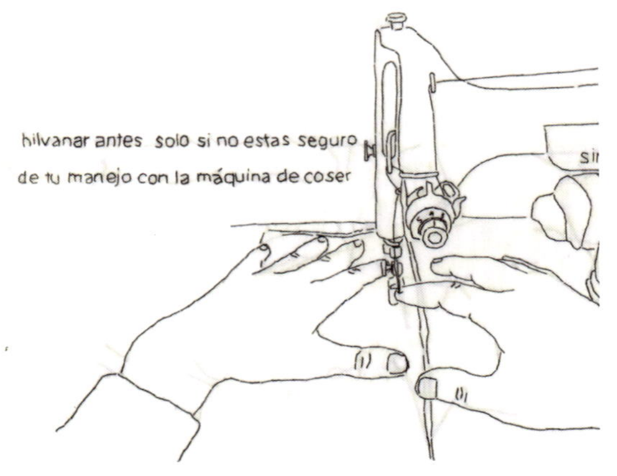

aprender a tomar medidas reales

cintura	64
cadera	68
separación busto	16
alto cadera	16
busto	34
alto busto	24
talle delantero	42
talle espalda	40
ancho espalda	36
largo manga	58

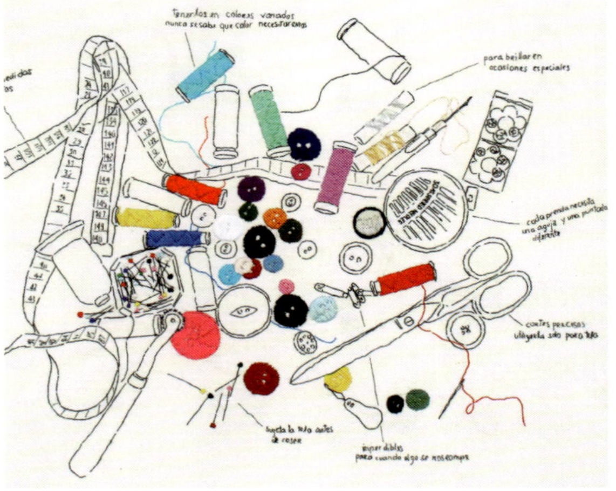

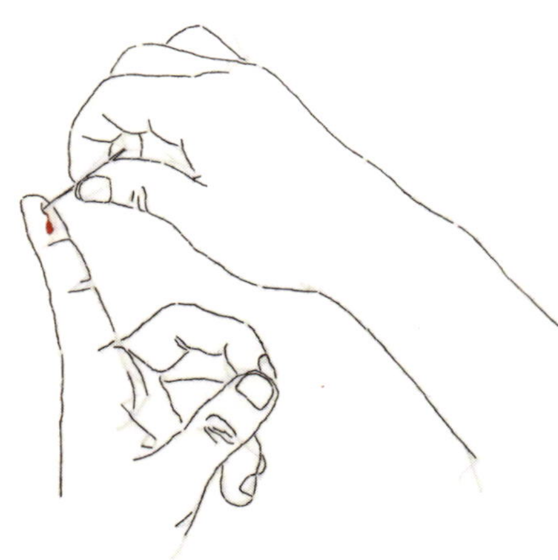

> Modos de vestir - costurero

> Modos de vestir - la florista

anna khokhlova

www.behance.net/annaxoxlova

Anna Khokhlova graduated from Moscow State University of Printing Arts with a major in Graphic Design and British Higher School of Art and Design with a major in Illustration. She is also a part of community of illustrators called TZEH. Working in many fields of design including stage design, prints, illustration and photography.

She treats book illustration as stage design. Each book, like each play, dictates it's own illustration style. When she came across "Cockerel" by her favorite author Alexey Remizov, she got an idea of making very warm and cozy illustrations for that text. The book won the first prize in all-Russia competition of book illustration "Obraz knigi". It looks like a children's book while the text is very complex and tragic - it is a story about a family on the verge of the Russian revolution of 1917. That is probably the reason why it is not published yet.

After that she started getting a lot of positive reviews for the book and requests for embroidery illustrations. Her favorite works were made for cover of magazine BOLSHOY GOROD (it's a bit like New Yorker in New York), illustrations for "PRIME RUSSIA" (the biggest russian publication on art, sociology and philosophy). She also got short-listed in D&AD competition in London. Her current projects employ a different style of illustration (She published 2 children's books recently). She also teach illustration in Moscow.

Anna Khokhlova se graduó en Diseño Gráfico por la Universidad Estatal de Moscú de Artes Impresas y en Ilustración por la Escuela Superior Británica de Arte y Diseño. También forma parte de la comunidad de ilustradores llamada TZEH, que trabaja en muchas ramas del diseño, incluyendo diseño de decorados, impresiones, ilustración y fotografía.

Utiliza las ilustraciones de los libros para diseñar decorados. Cada libro, como cada obra, dicta su propio estilo de ilustración. Cuando se topó con Cockerel de su autor favorito Alexey Remizov, se le ocurrió la idea de hacer ilustraciones cálidas y acogedoras para ese texto. El libro ganó el primer premio en la competición rusa de ilustraciones de libros Obraz Knigi. Parece un cuento infantil, pero el texto es muy complejo y trágico y trata sobre una familia que está a punto de vivir la revolución rusa de 1917. Puede que ese sea el motivo por el que todavía no se ha publicado.

Después de eso, empezó a recibir muchas críticas positivas por el libro y varias propuestas para realizar ilustraciones bordadas. Sus trabajos favoritos son los que ha realizado para la portada de la revisa Bolshoi Gorod, similar a la New Yorker de Nueva York, y las ilustraciones para Prime Russia, la revista rusa más importante sobre arte, sociología y filosofía. También la preseleccionaron para el concurso D&AD de Londres. Para sus proyectos actuales emplea un estilo ilustrativo distinto. Recientemente, ha publicado dos libros y también da clases de ilustración en Moscú.

> Illustration for Prime Russia magazine

> Illustration for Prime Russia magazine

> Illustration for Prime Russia magazine

> Cockerel book

> Cover of magazine Little White Lies / D&AD competition

maricor / maricar

maricormaricar.blogspot.com.es

Maricor/Maricar are a design and illustration sister creative team specialising in hand embroidered tactile graphics. Their illustration and animation work has exhibited locally and internationally. In 2010 they won a RYD award from the British Council Australia and in 2012 they were selected for a Young Guns Award by the Art Directors Club based in New York.

Maricor/Maricar son un equipo creativo de diseño e ilustración especializado en gráficos táctiles bordados a mano y formado por dos hermanas. Sus trabajos de ilustración y animación se han expuesto tanto a nivel local como internacional. En 2010 ganaron el premio RYD del Consejo Británico en Australia y en 2012 fueron seleccionadas para el premio Young Guns por el Art Directors Club de Nueva York.

On the left page: > R for Riverhead. Sweater letter R created for Riverhead publishing, used in their fall catalogue 2013

> Stay Golden. Personal work in a a series created for Pick Me Up festival Selects exhibition in 2013

> Keep on Moving. Embroidered lettering created exclusively for the DC Shoes x Pick Me Up t-shirt collaboration in 2014

> Delicious (Field Trip version). We were commissioned to create a series of embroideries for Hong Kong airport by Havaszz<< Worldwide. We created 6 versions of the word 'delicious' in various languages using food from each of those regions. This is our own English version created for our talk at Field Trip in 2012 using food that had a personal connection to us.

ulla jokisalo

www.helsinkischool.fi / www.gallerytaikpersons.com

Ulla Jokisalo is a visual artist whose photography-based works are generally collage-like and physical. Her works of art includes photographs, unique paper cutouts, needle punctures and embroidery.

Jokisalo's artworks have their own grammar. Right from the start, she has created her own language, whose elements include scissors, needles, pins, threads and hands sewing. Over the decades, her vocabulary has taken on new meanings and the different parts of speech have begun to form networks of meanings.

In Jokisalo's artworks the entire span of human life, its hopes and aspirations, is revealed under the guise of play. The very nature of play makes it possible for the worlds of the real and the imaginary to meet; it frees us from everyday conventions, while also allowing room for the temptations of the frightening and the dangerous.

When looking at Jokisalo's pictures the viewer repeatedly conducts a conversation about the materiality and multidimensionality of the image. The works use objects that are familiar to us, whose feel and shape are stored in our touch memories from childhood on. Even though recognition occurs via the eyes, the shapes of the objects are in our tactile memory. When Ulla Jokisalo's works upend the dimensions to the point of confusion, the viewer's visual sense gives different messages from those conveyed by their sense of touch. The hierarchies of the senses are abolished, but each has its place.

Anna-Kaisa Rastenberger
Chief Curator, Finnish Museum of Photography

Las obras de Jokisalo tienen su propia gramática. Desde el principio, ha creado su propio lenguaje, cuyos elementos incluyen tijeras, agujas, alfileres, hilos y costuras a mano. Con el paso de las décadas, su vocabulario ha ido adquiriendo nuevos significados y las diferentes partes del lenguaje han empezado a formar cadenas de significados.

En los trabajos de Jokisalo, todo el período de la humanidad, sus esperanzas y aspiraciones, se revela con el pretexto de un juego. La propia naturaleza del juego hace posible que el mundo real y el imaginario coincidan. Nos libera de nuestras convenciones diarias a la vez que crea una sala para las tentaciones aterradoras y peligrosas.

Al mirar las imágenes de Jokisalo, el espectador mantiene repetidamente una conversación sobre la materialidad y la multidimensionalidad de la imagen. Las obras utilizan objetos que nos resultan familiares y cuyas sensaciones y formas son recuerdos de nuestra infancia. Aunque el reconocimiento se lleva a cabo a través de los ojos, las formas de los objetos están en nuestra memoria táctil. Cuando los trabajos de Ulla Jokisalo cambian drásticamente las dimensiones hasta llegar a confundir, el sentido de la vista del espectador ofrece mensajes distintos a los que recibe por el sentido del tacto. Las jerarquías de los sentidos no existen, pero cada uno tiene su espacio.

Anna-Kaisa Rastenberger
Conservadora jefe del Museo Finés de Fotografía

> Tales of Eye: My Eyes, variation 3, 2013. Cut-out pigment print, embroidery, thread and needles on fabric. Image 42 x 26 cm

> Tales of Eye: Well-read, 2010. Cut-out pigment print, embroidery, thread, pins and needle on fabric. 45 x 32 cm with frame

> Tales of Eye: Under Supervision, 2008. Cut-out pigment print, embroidery, thread and needles on fabric. 45 x 32 cm with frame

> Tales of Eye: Marjatta, Point of View I, 2008. Embroidery, thread and needles on fabric.
149 x 94 cm with frame

max colby

<www.maxcolby.com>

By utilizing extravagant embellishments and applications in conjunction with fragile and dwindling figures both ephemeral and physical, the stress of Max's work is placed on external manifestations of identity construction as a highly performative act. This space is explored through printmaking, embroidery and sculptural "skins" which showcase fragility and temporality in conjunction with highly embellished and extravagant applications using notions of death and transformation as a catalyst. In 2012, Max received his BFA with a concentration in printmaking and papermaking from the School of the Museum of Fine Arts in Boston and Tufts University and is currently based out of New York City. His most recent and notable exhibitions include "Crafted" at TEMP Gallery, New York, NY and "New Prints/2012 Summer – Selected by Shahzia Sikander" at the IPCNY, New York, NY.

Al utilizar adornos y aplicaciones extravagantes junto con figuras frágiles y menguantes tanto efímeras como físicas, el foco de las obras de Max se encuentra en las manifestaciones externas de la construcción de la identidad como un acto altamente performativo. Este espacio es explorado mediante grabados, bordados y «pieles» esculturales que muestran fragilidad y temporalidad en conjunción con aplicaciones muy adornadas y extravagantes que utilizan la muerte y la transformación como catalizadores. En 2012 Max se graduó en Bellas Artes con una especialización en grabado y fabricación de papel por la Escuela del Museo de Bellas Artes de Boston y la Universidad Tufts y, en la actualidad, vive en la ciudad de Nueva York. Sus exposiciones más recientes y notables son «Crafted» en la galería TEMP de Nueva York y «New Prints/2012 Summer – Selected by Shahzia Sikander» en el IPCNY de Nueva York.

> Selection from 'Role-Play: Microscopic Views

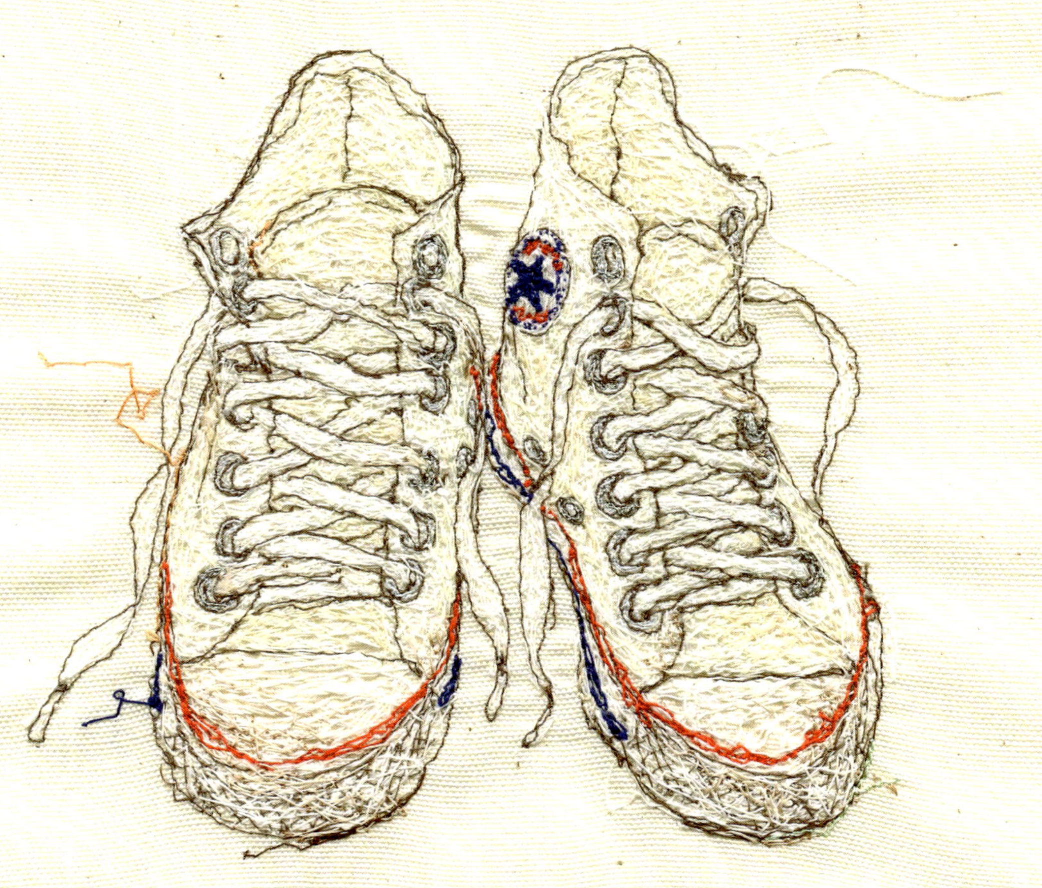
いちばん かっこいい 靴で、
飛行機にとびのるの

miyuki sakai

www. miyukisakai.com

For more than 20 years, Miyuki Sakai has been creating award-winning illustrations with a sewing machine using only thread.
After she graduated from art collage in Kyoto, she moved to Tokyo and started working as a free-lance illustrator.
Now, living in San Francisco, she enjoys life/work there.

Durante más de veinte años, Miyuki Sakai ha creado ilustraciones, las cuales han sido premiadas, con una máquina de coser y utilizando solo hilo.
Tras graduarse en una escuela de arte en Kioto, se mudó a Tokio y empezó a trabajar como ilustradora independiente.
Actualmente vive en San Francisco, donde disfruta de la vida y de su trabajo.

On the left page: > Shoes

> Chinese

> Cracker

LUCINI
LUCINI
Fig

> Tomato

Top: > Wine > Pink Bottom: > Yellow > Pancake

> Strawberry tart

> Fig

> Blueberry

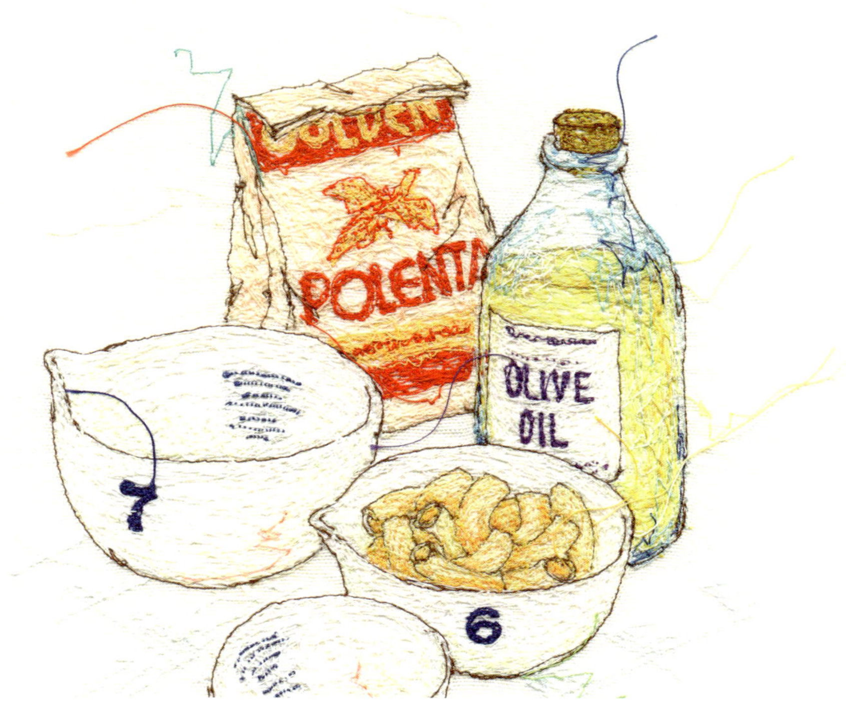

Top: > Peanut Bottom: > Bowls

> Tsubaki

takashi iwasaki

takashiiwasaki.info

1982: born in Hokkaido, Japan. Upon completing a two-year English education at a college in Japan, Iwasaki moved to Winnipeg to study fine arts at the University of Manitoba in 2002, where he earned Bachelor of Fine Arts (Honors) degree. Finding that the Winnipeg's art scene and community were much more suitable for him and his creation compared to those in Japan, he gained the permanent resident status in Canada and now lives and works in Winnipeg and calls it his new hometown.

Iwasaki's art practice diverges into many mediums from embroidery, paintings, collages, to sculptures; inspired by things and events which surround his daily life as sources of his creation.

Most of his recent works are either visual recording of his daily life or visualization of his imaginary worlds or landscapes that no one would see unless otherwise depicted. Most shapes and colors have meanings and origins that are very significant to him in the way he feels them, therefore they represent and reflect his state of mind.

In his words "things that I feel are never the same in the next moment because I keep changing. Capturing moments and sharing my visions with others have been my recent obsession and pleasure."

Nació en 1982 en Hokkaido, Japón. Tras finalizar sus estudios ingleses en un colegio de Japón, Iwasaki se trasladó a Winnipeg para estudiar artes plásticas en la Universidad de Manitoba en 2002, donde se licenció en Bellas Artes. Al ver que el panorama y la comunidad artísticos de Winnipeg se adaptaban mucho mejor a él y a sus creaciones en comparación con los de Japón, obtuvo la residencia permanente en Canadá y ahora vive y trabaja en Winnipeg, a la que considera su nueva ciudad natal.

La técnica artística de Iwasaki diverge en muchos medios, desde el bordado, las pinturas y los collages hasta las esculturas, ya que se inspira en las cosas y en los sucesos que le rodean en su día a día.

La mayoría de sus trabajos recientes son tanto recuerdos visuales de su vida cotidiana como visualizaciones de sus mundos o paisajes imaginarios que nadie vería si no los representase. La mayor parte de las formas y los colores tienen un significado y un origen que significan mucho para él en el sentido que los siente y, por tanto, él representa y refleja su estado mental.

Según sus propias palabras, «las cosas que siento no las vuelvo a sentir después porque estoy en continuo cambio. Capturar momentos y compartir mis visiones con los demás es mi obsesión y placer más recientes».

> Samiawaminazki. Embroidery floss on fabric. 43cm x 33cm. 2012

> Nekoamedama. Embroidery floss on fabric. 43cm x 33cm. 2012

> Pkapkatogeshakin. Embroidery floss on fabric. 45.5cm x 45.5cm. 2011

> Eiseiearkazaris. Embroidery floss on fabric. 41cm x 41cm. 2009

maría aparicio puentes

www.mariaapariciopuentes.com

Architect (Universidad de Chile, 2008) and Master of Urban Design: Art, City, Society (Universitat de Barcelona, 2011). Since 2011, she has developed several collaborative projects with photographers, artists and designers in the field of mixed media art, through hand-stitches over images.

She works closely with the existing structure of the photographs, overlaying geometric shapes. Her sewn-on patterns draw seek emphasize preexisting spatial relationships between the subjects mostly with human figure, body extensions and space.

She has been published on various websites and print media and has exhibited her work in Spain, Canada, USA and Chile. And she has exhibited in Germany.

Also, is the co-founder and co-editor of Thieves Editors (http://www.thieveseditors.com/) with Claudio Troncoso Rojas, independent editorial that promotes emergent photographers, artists and illustrators' work around the world.

Licenciada en Arquitectura por la Universidad de Chile en 2008 y con un máster en Diseño Urbano: Arte, Ciudad y Sociedad por la Universidad de Barcelona en 2011. Desde 2011, ha desarrollado diversos proyectos en los que ha colaborado con fotógrafos, artistas y diseñadores en el campo de las artes mixtas cosiendo a mano sobre imágenes.

Trabaja de cerca con la estructura ya existente de las fotografías superponiendo formas geométricas. Sus patrones cosidos pretenden destacar las relaciones espaciales preexistentes entre los sujetos, principalmente con figuras humanas, las extensiones corporales y el espacio.

Ha aparecido en diversas páginas web y en medios impresos y sus obras han sido expuestas en España, Canadá, Estados Unidos, Chile y Alemania.

También es cofundadora y coeditora de Thieves Editors (www.thieveseditors.com) junto con Claudio Troncoso Rojas, una editorial independiente que promueve los trabajos de fotógrafos, artistas e ilustradores emergentes de todo el mundo.

On the left page: >'363' (detail) paper print, thread 2012. Photo: Viola Cangi

>'358' paper print, thread, 2011. Photo: Rachel Louise Hodgson

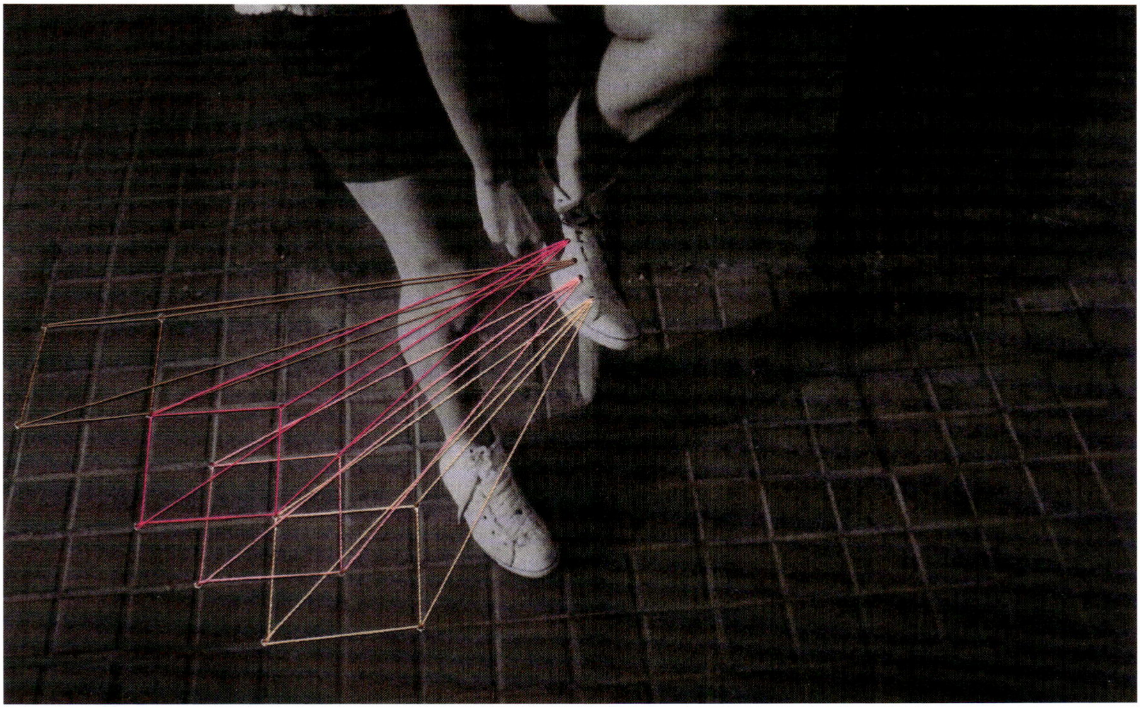

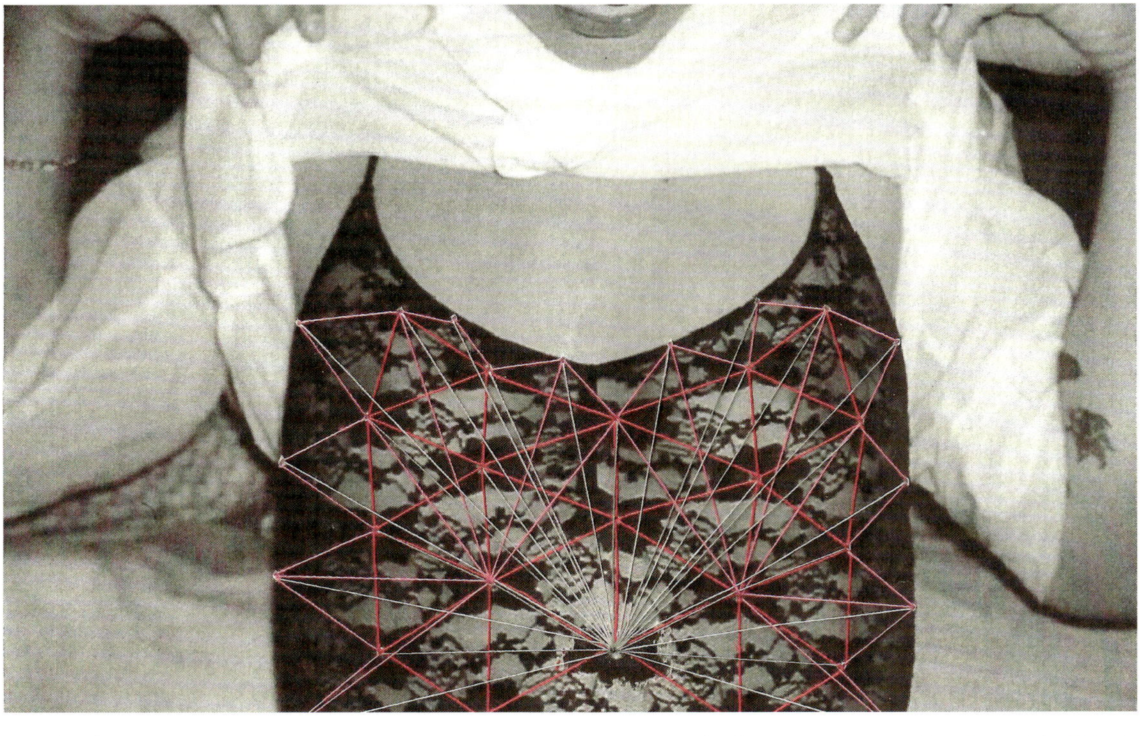

Top > '355' paper print, thread, 2011. Photo: Claudio A. Troncoso Rojas Bottom > '335' paper print, thread, 2011. Photo: Nina Zivkovic

Top > '05' Bottom > '06' Be brilliant series 2014, photographic paper (semi-matte finish), thread. Photo: Lukasz Wierzbowski

> '03' Be brilliant series 2014, photographic paper (semi-matte finish), thread. Photo: Tatjana Radicevic

> '02' Be brilliant series 2014, photographic paper (semi-matte finish), thread. Photo: Tatjana Radicevic

> '01' Be brilliant series 2014, photographic paper (semi-matte finish), thread. Photo: Tatjana Radicevic

julie cockburn

www.juliecockburn.com

Julie Cockburn transforms second-hand objects and vintage photographs into meticulously constructed, psychologically charged artworks, by using a mix of embroidery and collage techniques. Cockburn scours garage sales and the internet for old photographs and then methodically "embellishes, manipulates, tortures and caresses" the surface of the found photograph, adding her visual authorship to the object.

Trained as a sculptor, Cockburn approaches the photograph as if working with a three-dimensional surface. The artist embroiders the print to emphasize a landscape or to mask portions of a subject's face. For collage works, Cockburn cuts shapes from the print and rearranges them into intricate and repeating patterns that enhance the identity of the sitter and negate the "archetypal ordinariness" of the original photograph.

Cockburn states that her often long and laborious process is like "having a conversation with the image...perhaps adding what seems to be hidden there or missing, unspoken. I often feel that the original images were somehow waiting for me to complete them in this way." Through this process of destruction and reconstruction, Cockburn creates work that project new histories onto forgotten keepsakes of the past. She is represented in New York by Yossi Milo Gallery.

Julie Cockburn transforma objetos de segunda mano y fotografías antiguas en obras de arte meticulosamente construidas y cargadas de psicología mezclando técnicas del bordado y del collage. Cockburn rebusca por mercadillos y en internet para encontrar fotografías viejas para después «adornar, manipular, torturar y acariciar» metódicamente la superficie de la foto que ha encontrado añadiéndole su sello visual personal al objeto.

Formada como escultora, Cockburn se acerca a la fotografía como si trabajase con una superficie tridimensional. La artista borda la imagen para destacar un paisaje o para cubrir partes de los rostros de los sujetos. Con los collages, Cockburn recorta formas de la imagen y las reorganiza formando dibujos complejos y repetitivos que resaltan la identidad del modelo y anulan la «ordinariez arquetípica» de la fotografía original.

Cockburn afirma que su proceso, a menudo largo y trabajoso, es como «mantener una conversación con la imagen añadiéndole lo que parece que hay escondido, perdido o sobreentendido. «Suelo sentir que las imágenes originales estaban esperándome de algún modo para acabarlas de esta manera». A través de este proceso de destrucción y reconstrucción, Cockburn crea una obra que proyecta nuevas historias en recuerdos olvidados del pasado. La galería Yossi Milo la representa en Nueva York.

On the left page: > The Brace

> Honeymoon Period

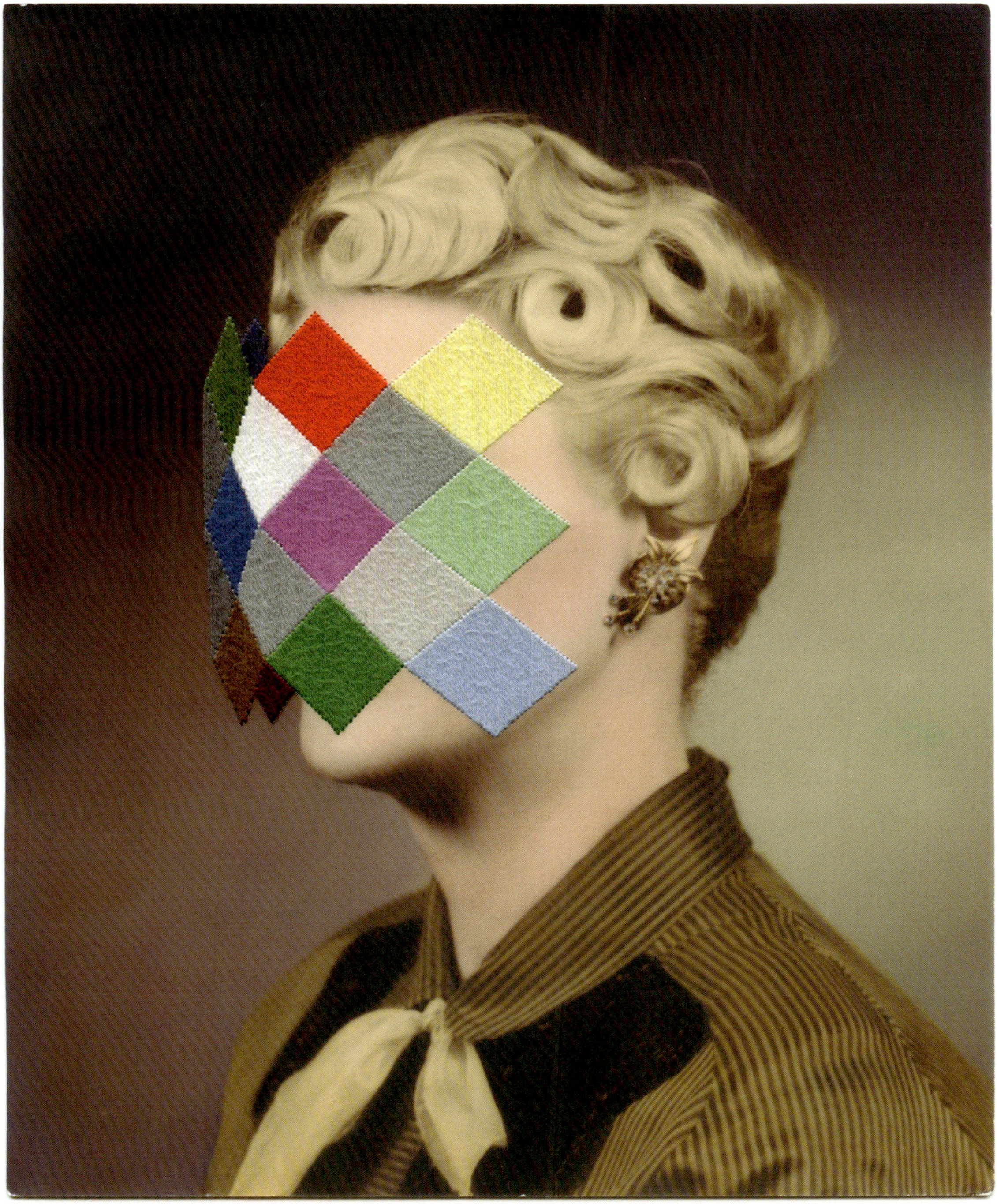

> Marguerite

On the next page: > Landscape with Mountain

diane meyer

www.dianemeyer.net

In Diane Meyer's work, sections of her photographs are obscured by cross-stitch embroidery sewn directly into the photograph forming a pixelated version of the underlying image.

One series takes the city of Berlin as subject matter. These images were taken in the city center as well as in the suburbs where she followed the former path of the Berlin Wall. In many of these works, the embroidered sections of the photograph represent the exact scale and location of the former Wall offering a pixelated view of what lies behind. In this way, the embroidery becomes a trace in the landscape of something that no longer exists.

Time Spent That Might Otherwise Be Forgotten, uses old family photographs and travel snapshots as source material. The series references the failure of photography to preserve experience and personal history as well as the means by which photographs transform history into nostalgic objects that obscure understandings of the past. The work also comments on the ways in which personal photographs stand in for, and often replace, memory. As the embroidery takes the form of digital pixilation, a connection is made between forgetting and digital file corruption.

En las obras de Diane Meyer, las partes de sus fotografías se encuentran ocultas por el bordado de punto de cruz que cose directamente en la imagen para formar una versión pixelada de la estampa subyacente. Una de sus series muestra como tema principal la ciudad de Berlín. Las imágenes se tomaron en el centro de la ciudad y también en la zona de la periferia mientras seguía el antiguo camino del Muro de Berlín. En muchas de estas piezas, las partes bordadas de la fotografía representan la escala y la ubicación exactas del antiguo muro y ofrecen una vista pixelada de lo que hay detrás. De este modo, el bordado se convierte en un rastro paisajístico de algo que ya no existe.

En «Time Spent That Might Otherwise Be Forgotten» (Tiempo pasado que, de lo contrario, sería olvidado), utiliza fotografías familiares antiguas y de viajes como material de referencia. La serie hace alusión al fracaso de la fotografía a la hora de conservar la experiencia y la historia personal, así como los medios a través de los cuales los fotógrafos transforman la historia en objetos nostálgicos que impiden entender el pasado. La obra también hace observaciones sobre las maneras cómo las fotografías personales sustituyen recuerdos. A medida que el bordado adquiere la forma de pixelado digital, se crea una conexión entre el olvido y la corrupción de archivos digitales.

On the left page: > Serie Time Spent That Might Otherwise Be Forgotten: Disneyland I, Hand Sewn Archival Ink Jet Print, 2013

Top > Serie Time Spent That Might Otherwise Be Forgotten: Italy I, Hand Sewn Archival Ink Jet Print, 11x16cm, 2011
Bottom > Serie Time Spent That Might Otherwise Be Forgotten: Italy II, Hand Sewn Archival Ink Jet Print, 11x13cm, 2011

Top > Serie Time Spent That Might Otherwise Be Forgotten: New Jersey X, Hand Sewn Archival Ink Jet Print, 19x23cm, 2012
Bottom > Serie Time Spent That Might Otherwise Be Forgotten: Bruges I (detail), Hand Sewn Archival Ink Jet Print, 13x15cm, 2013

> Serie Berlin: Kieler Strasse (detail), Hand Sewn
Archival Ink Jet Print, 13.5x18cm, 2012

> Serie Berlin: Mauer Park, Hand Sewn
Archival Ink Jet Print, 22x28cm, 2012

Top > Serie Berlin: Housing Project, Planterwald, Hand Sewn Archival Ink Jet Print, 25.5x32 cm, 2014
Bottom > Serie Berlin: Grunbergerstrasse, Hand Sewn Archival Ink Jet Print, 20x25.5cm, 2014

Top > Serie Berlin: East Side Gallery (detail), Hand Sewn Archival Ink Jet Print, 13x18cm, 2014
Bottom > Serie Berlin: Former Guard Tower Off Puschkinallee, Hand Sewn Archival Ink Jet Print 27x34cm, 2013

laura mckellar

www.lauramckellar.com

Based in Melbourne, Australia. Laura has been experimenting with illustration since high school. She studied graphic design and graphic art at university. That is where Laura learnt about digital illustration and composition, and how useful it would be for her career. She has been doing embroidery for about 5 years. It was an experiment into texture and trying something new. Laura believes the hand crafted nature is really attractive to people. She likes being able to finish digital artwork with her hands using tactile embellishments.

Laura does embroidery for personal projects or commissioned work. They take her a good amount of time and she doesn't like to rush the process. She decides on colours before printing my artwork on fabric, and then chooses where to embroider as she goes.

Laura's favourite subjects to use in her embroidery pieces are vintage photographs of beautiful women, birds and flowers. She uses a lot of found imagery combined with her own illustration and ink painting. Laura collects vintage knitting books and that is generally where she finds her 'models' for the artwork.

Afincada en Melbourne, Australia, Laura lleva experimentando con la ilustración desde el instituto. En la universidad estudió Diseño y Arte Gráficos. Allí fue donde Laura aprendió ilustración y composición digital y donde se dio cuenta de lo útil que le sería para su carrera profesional. Lleva cinco años haciendo bordados. Empezó por experimentar con la textura y por probar algo nuevo. Laura cree que la naturaleza artesanal le resulta muy atractiva a la gente y le gusta poder terminar obras digitales con sus manos utilizando adornos táctiles.

Laura realiza bordados para proyectos personales o encargos. Le lleva bastante tiempo realizarlos, ya que no le gusta hacerlo con prisas. Escoge los colores antes de imprimir la ilustración sobre la tela y después va decidiendo sobre la marcha donde quiere hacer el bordado.

Los temas favoritos de Laura que refleja en sus bordados son fotografías antiguas de mujeres hermosas, pájaros y flores. Utiliza muchas imágenes que se encuentra y las combina con sus propias ilustraciones y pinturas. Laura colecciona libros antiguos para hacer punto y normalmente es donde encuentra los «modelos» para sus obras.

> Looking forward

> Flying freedom

TA VIOLENCE NE PRENDRA PAS SUR MOI
ELLE GLISSERA SUR MA JOIE
D'ÊTRE AVEC TOI
OCÉAN DE BONTÉ
AWL

aurelie william levaux

http://aureliewilliamlevaux.be/ http://le-prisme.over-blog.com/johnnychrist

Even though the characters of Aurelie William Levaux, born in 1981in the Belgian countryside, are sewn in multi-coloured threads, this is not the reason they come across as young girls In the first place they have already grown up, come to blows on many occasions, and foolishly continue to do so, apparently without any attempt to calm down. Everyone finds them annoying, they are rude the majority of the time and their attitude is absolutely intolerable. The artist's drawings are mainly in pencil but she also uses needle and thread, the work of a housewife, also a way to pierce, to crisscross the paper and secure things in place. At times, such as during the war, when necessary, to darn an old sock of a loved one. Aurelie William Levaux also paints on paper, with well-defined colours involving a more arduous theme such as a brilliant aura. As frequently published (La Cinquieme Couche, United Dead Artists, Atrabile, Le Dernier Cri) her illustrations are full of speech bubbles, as in comics, and phrases, recurrent with red hot pleasure and resolve in self-assured graphics. In the meantime we have a misconception, inspiration will come, I have nothing against the male gender; but they can be annoying, as can women. On show at the Pierre Hallet gallery, Brussels, D406, Modena, Arsenci, Paris.
(text by C.Laurent, Libre Belgique)

*Los personajes de Aurelie William Levaux, nacida en 1981 en plena campiña belga, aunque están cosidos con hilos multicolores, no por ello son niñas muy formales. En primer lugar ya han crecido, se han dado de bruces en muchas ocasiones, y continúan tontamente haciéndolo sin por lo visto decidirse a sentar cabeza. Molestan a todo el mundo, son groseras la mayor parte del tiempo y tienen actitudes insoportablemente castradoras. La artista dibuja mucho con el lápiz, pero también con hilo y aguja, un trabajo de ama de casa, una manera de pinchar también, de atravesar el papel y de fijar bien las cosas. A veces, como durante la guerra, cuando es necesario, zurcir un viejo calcetín del ser amado. Aurelie William Levaux toca también la pintura sobre papel, con colores bien definidos que abarcan los temas más penosos con una brillante aura. Como publica frecuentemente (La Cinquieme Couche, United Dead Artists, Atrabile, Le Dernier Cri) y que sus dibujos están llenos de globos de texto como en los comics, y de frases, recurre con placer y tesón al rojo en grafismos seguros de si mismos. Mientras haya porquería, habrá inspiración, no tengo nada contra los hombres, pero tocan las narices tanto como las mujeres. Se puede ver en la galería Pierre Hallet, Bruselas, D406, Modena, Arsenci, París.
(Sur la base du teste de C.Laurent, Libre Belgique)*

PROTECTION·DEVOTION
20 DAYS

> Vulgaire

> Lonely

ON VEUT VIVRE EN PAIX DANS LA FORÊT
POURQUOI TU BRODES?
ça me calme
enfin jusqu'ici ça me calmais
A quel point?
Au point de porter ma croix
comme on me l'a appris

> Drama

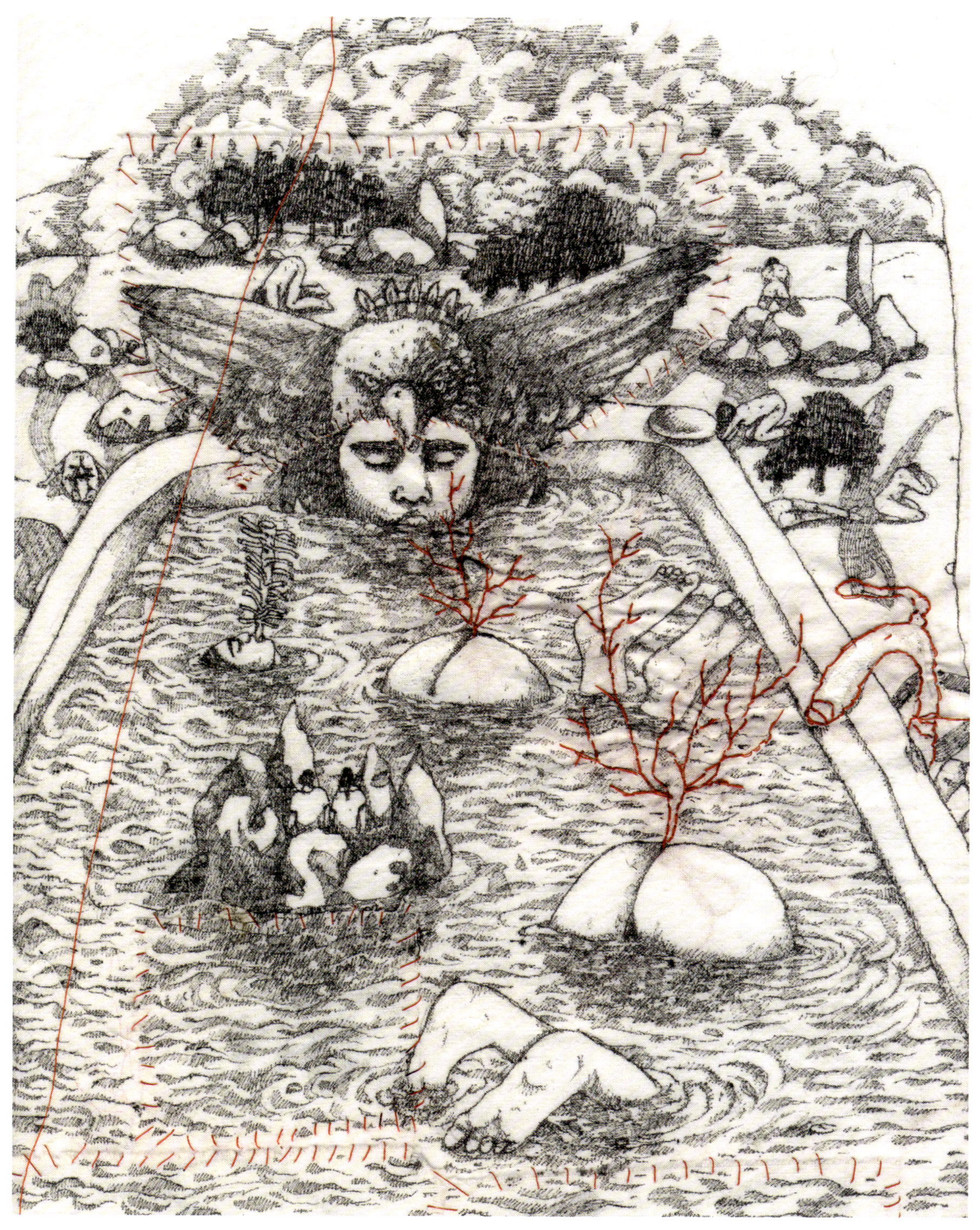

> Le bain

víctor espinoza

www.nodefinitivo.com

Víctor Espinoza cultivates the relation between the pattern and the backing by developing a technique used in textile art in order to produce graphics (or in other pieces, paintings). The embroidery on the fabrics creates threads which interweave and unfurl to create images we can easily identify and comprehend. Even so, there is an anomaly in the works of Espinoza with the inclusion of random lines and configurations - with threads in unusual shades or graphite pencil slotted in to create interesting hues – revealing the materiality applied in their creation. The unusual aspect in the representation is emphasized by a loud intrusion in every day images, an irregular or geometric form perched on top, changing the images.

Víctor Espinoza complejiza la relación entre el dibujo y el soporte por medio de la actualización de una técnica de las artes textiles, para llevarla a la gráfica (o en otros trabajos, a la pintura). Los bordados que realiza sobre las telas generan tramas que en su unión y despliegue total, configuran imágenes que podemos leer y comprender rápidamente. Sin embargo, hay un ruido en las obras de Espinoza que es la inclusión de líneas y trazos azarosos –con hilos de colores no tradicionales o lápices grafito que se cuelan para generar efectos de luces interesantes–, poniéndose de manifiesto la materialidad con los que se realizaron. La extrañeza en la representación es tensionada por una intromisión ruidosa en las imágenes cotidianas, una malformación o un volumen geométrico se posa sobre las imágenes, cambiándolas.

On the left page: > Retrato sobre la hierba

> Vinicio y su perro

Top > Sin titulo   Bottom > El boxeador

> Don Freddy

> El padre de mi amigo

andré azevedo

www.andreazevedoart.com / blog/andreazevedoart.com

André Azevedo works and lives in Curitiba, South Brazil. He studied in Design School but realized what he would like to do in the drawing and painting's area. His main medium is the combination of drawing, painting and sewing over fabrics and he also plays with sculpture and photography. Tries to create "frozen" images which give a movement sensation so he keeps over lapping pictures and matching different materials. The sewing is present in his work sometimes as a line, sometimes tangled creating different textures.
Liable to experimenting a wide range of techniques and meticulously crafted trial and error, his work juxtaposes layers as a reminder that we are merely a union of ideas. Andre's work has caught the attention of important brands, like Alfa Romeo, Nike, Lacoste and Ermenegildo Zegna.

André Azevedo trabaja y vive en Curitiba, al sur de Brasil. Estudió en la Escuela de Diseño, pero se dio cuenta de que lo que le gustaba estaba relacionado con el campo del dibujo y la pintura. Su técnica principal es la mezcla del dibujo, la pintura y la costura de telas y también juega con la escultura y la fotografía. Intenta crear imágenes «congeladas» que dan la sensación de movimiento, por lo que sobrepone las ilustraciones y combina materiales distintos. La costura está presente en sus trabajos a veces en forma de línea y otras de manera enredada para crear diferentes texturas.
Experimentando una gran variedad de técnicas y realizando meticulosamente trabajos manuales basándose en la técnica de prueba y error, su obra yuxtapone capas para recordarnos que somos simplemente una unión de ideas. Los trabajos de André han llamado la atención de marcas importantes, como Alfa Romeo, Nike, Lacoste y Ermenegildo Zegna.

On the left page: > Movimentos Corporais

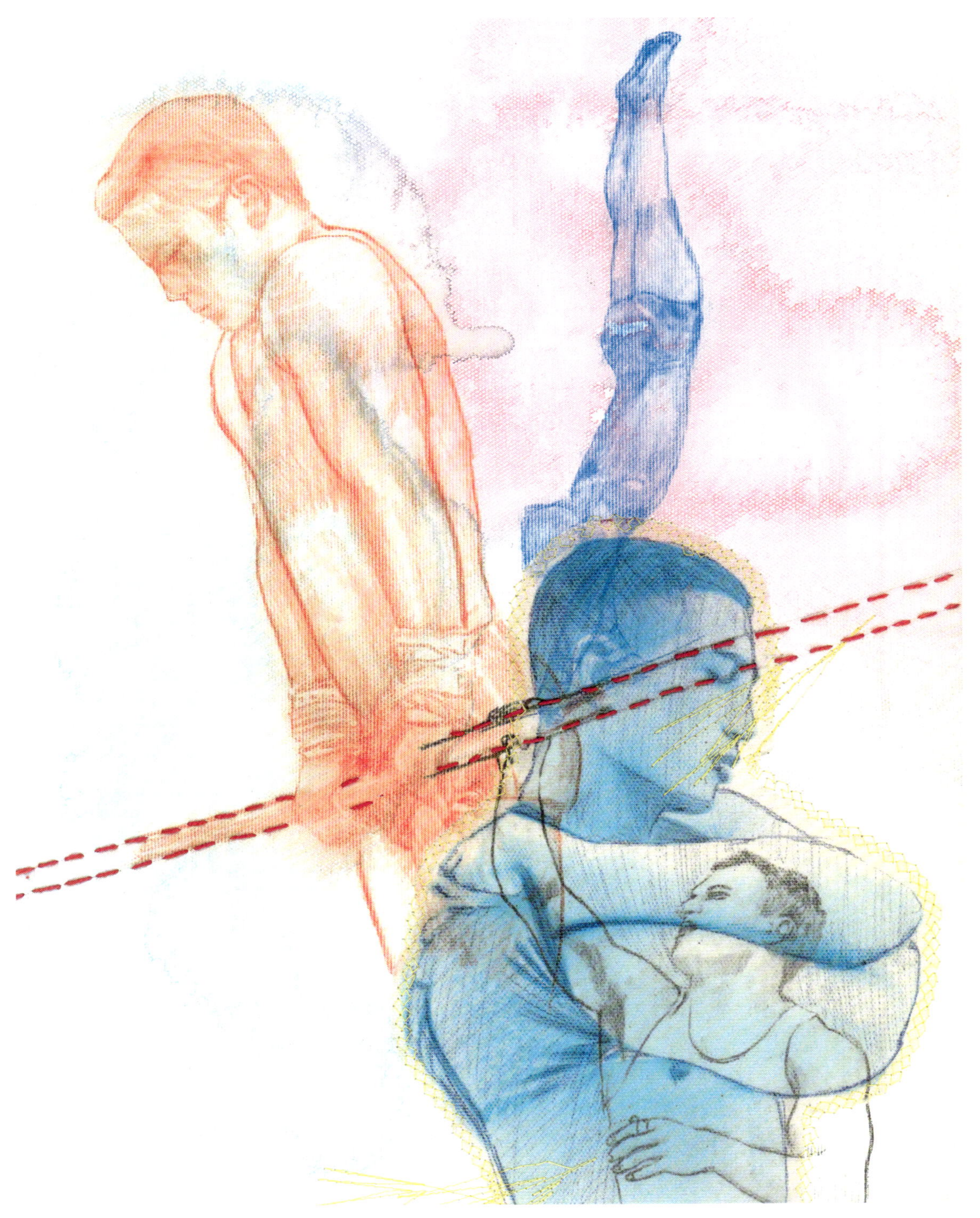

> Movimentos Corporais

161

> Violent Playground

jazmín berakha

www.jazminberakha.com / www.jazminberakha.tumblr.com

Jazmín Berakha lives and work in Buenos Aires, Argentina. Her work encompasses a wide range of media that includes traditional crafts, as well as music and film. The artist focuses her work in needlepoint as an entry to investigate modern images. Her work explores the possibilities of textiles in contemporary art. Her investigation and research into textiles, prints and patterns, are an endless source of inspiration. Berakha´s meditative sewing process embraces aspects of domesticity with a consciousness of place and time. Her work balances between abstract images of fabric within fabrics, and portraits of women in frozen moments of unexplained contemplation, both coexisting in a multi-patterned world. All the life in these works are either engages by their focus or contained, held in place by the threads themselves.

Her work was exhibited in different galleries and institutions in Buenos Aires, New York, Paris and Berlin, among others...

Jazmín Berakha vive y trabaja en Buenos Aires, Argentina. Sus obras abarcan una gran variedad de técnicas que incluyen manualidades tradicionales, así como música y películas. La artista centra sus trabajos en el bordado como un acceso para investigar imágenes modernas. Sus obras exploran las posibilidades textiles en el arte contemporáneo. Su investigación y búsqueda de telas, dibujos y patrones son una fuente de inspiración infinita. El proceso de costura meditativo de Berakha abarca aspectos de la domesticidad con conocimiento del tiempo y del espacio. Sus trabajos mantienen un equilibrio entre las imágenes abstractas de tela dentro de telas y los retratos de mujeres en momentos de meditación inexplicable, pero ambos coexisten en un mundo de múltiples patrones. Toda la vida de estas obras está o bien sumida por su enfoque o bien fijada en su lugar por los mismos hilos.

Sus trabajos han sido expuestos en varias galerías e instituciones de Buenos Aires, Nueva York, París, Berlín, entre otras ciudades.

On the left page: > Vanish park series

> Vanish park series

> Vanish park series

rosie james

www.rosiejames.com / www.stitchdraw.blogspot.co.uk / www.axisweb.org/p/rosiejames

Crowds obsess the artist Rosie James; she is fascinated by large groups of people who gather for all kinds of reasons, maybe to watch something, or perhaps to take part in something. Masses of people moving in the same direction during rush hour in a big city, all in their own worlds yet moving as one, become like a flock of birds. It's the individual within the crowd that fascinates her. Rosie is drawn to observing the details and the differences of people within a crowd. In order to stop the crowd in motion and allow her time to have a good look round, she takes a lot of photographs, which she then uses to make drawings from using a sewing machine.

Working with transparent fabrics allows Rosie to layer stitched drawings on top of each other to enable a crowd to build up on the fabric. Appliquéd fabrics are added along with screen-printed elements to bring in some depth and also to consider the surroundings and setting of the group of people. Working with sheer fabrics allows the artist to create drawings, which hang in space seemingly without a surface. Leaving the threads loose to create a sense of scribble and movement. The threads reach out from the surface and move as the viewer passes by.

Las multitudes son la obsesión de la artista Rosie James. Le fascinan las grandes aglomeraciones de gente que se reúne por cualquier motivo, ya sea para ver alguna cosa o para participar en algo. Las masas de gente que se mueve en la misma dirección en hora punta en una gran ciudad, todas ellas en sus propios mundos pero moviéndose como una sola persona, se convierten en bandadas de pájaros. Lo que le fascina es el individuo dentro de la multitud. A Rosie le atrae observar los detalles y las diferencias entre las personas dentro de un grupo. Para detener a la muchedumbre y poder mirar bien a su alrededor, saca muchas fotografías que luego utiliza para hacer dibujos utilizando una máquina de coser.

Al trabajar con telas transparentes, puede poner capas de dibujos cosidos uno encima del otro para poder construir una multitud sobre la tela. Añade telas con apliques con elementos serigrafiados para aportar un poco de profundidad y también para hacer los alrededores y establecer el grupo de personas. Al utilizar telas transparentes, la artista puede crear dibujos que aparentemente se aguantan en el espacio sin una superficie y deja los hilos sueltos para transmitir una sensación de garabatos y movimiento. Los hilos se extienden desde la superficie y se mueven cuando el espectador pasa.

On the left page: > Waiting for the 7:23 to Victoria

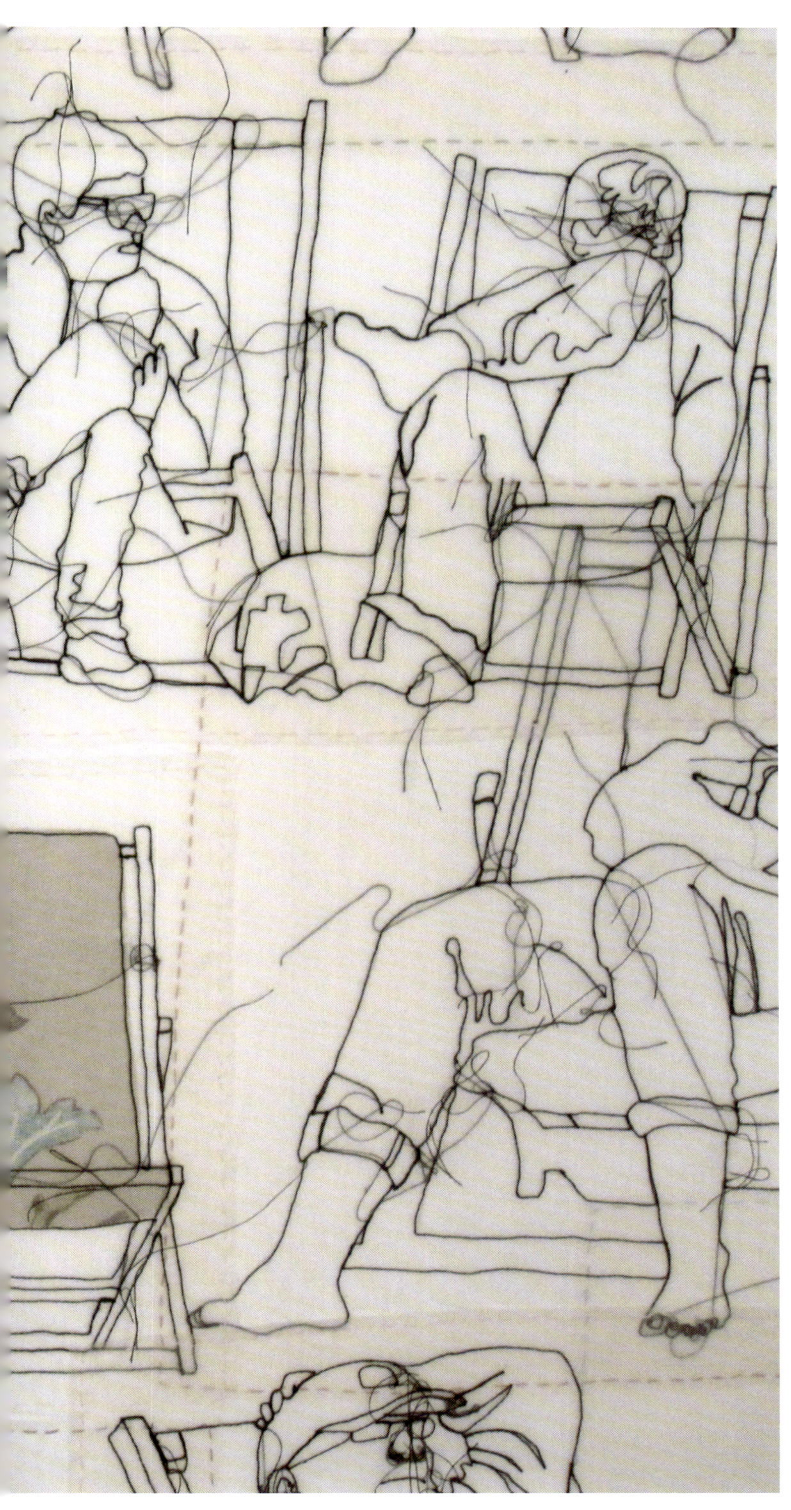

> St James' Loungers

stephanie kelly

www.stephart.blogspot.com / http://stephaniekellyclark.wix.com/stephaniekclark

Stephanie considers herself a painter and she paints with thread. The process of transforming string into art struck her as something visually stimulating with complex simplicity. Her background in painting has allowed her to explore the material using techniques that derive more from the worlds of drawing and painting, engaging both traditional and innovative techniques in employing formal qualities with density, texture and pattern. The embroidery floss is her palette and the needle is her paintbrush. Stephanie creates a method of embroidering the threads in an arrangement that would initially create value, color, depth and as she lays the colors down they instantly blend themselves. This process has had its way with her, leading her from hobby to art. Stephanie work is an ode and influenced by the worlds of tapestry and her love for craft. Using thread instead of oils has allowed her to bring new purpose to her painting process. Her work blurs the lines between fine art and craft. Stephanie likes to think she can reclaim the word ¨craft¨ which contains the idea of an unusual frame of knowledge and skill passed on from generation to generation. The use of craft such as embroidery fits her concept of domesticity, therefore her process and material becomes involved in the concept of her work. She uses embroidery to create the domestic feel to tell the story of life in the home. Stephanie likes to push her viewers to then question whose home is this? What kind of people live in this home? They then start to come up with a person and a story to that home. Sometimes it will even spark memories of their home and who they are. Then those little embroidered homes become portraits of people the viewers have created.

Stephanie se considera una pintora que pinta con hilos. El proceso de transformar la cuerda en arte se le ocurrió como algo visualmente estimulante con una simplicidad compleja. Su experiencia con la pintura le ha permitido explorar el material utilizando técnicas derivadas del mundo de la pintura y el dibujo, y ha acoplado técnicas tradicionales a las innovadoras al emplear cualidades formales con densidad, textura y un patrón. El hilo de seda para bordar es su paleta y la aguja es su pincel. Stephanie crea un método para bordar los hilos de un modo que inicialmente crea valor, color y profundidad y, a medida que va estableciendo los colores, ellos se van combinando entre ellos. Tiene mucho talento para este proceso, que ha pasado de ser un pasatiempo a convertirse en arte. El trabajo de Stephanie es una oda influenciada por el mundo de la tapicería y su amor por la artesanía. Al usar hilos en vez de óleos, ha podido aportar un nuevo propósito a su proceso de pintura. Sus obras desdibujan las líneas entre las artes plásticas y la artesanía. A Stephanie le gusta pensar que puede reivindicar la palabra «artesanía», que contiene la idea de un marco inusual de conocimiento y habilidades que ha pasado de generación en generación. El uso de la artesanía, como el bordado, se ajusta a su concepto de domesticidad, por lo que su proceso y el material forman parte del concepto de su trabajo. Emplea el bordado para crear la sensación doméstica de contar la historia de la vida en casa. A Stephanie le gusta hacer que su público se pregunte de quién es esa casa y qué tipo de gente vive en ella. Entonces empiezan a imaginarse una persona y una historia para esa vivienda. A veces incluso les hace pensar en su casa y en quienes son. Estas casitas bordadas se convierten en retratos de gente que el público ha creado.

On the left page: > Stawbridges Dwelling- 12x12 (Camper trailer)

> Hydes Dwelling: 11x14 (orange home)

On top:
> Not titled (New purpose series)- 12x12 (white and pink house with trees growing on roof)
> Resk Dwelling- 12x16 (Hawaiian getaway home)
On the left page:
> Droppo Dwelling: 30x36´ (pink brick home)

>Skyline Manor- 24x36 (old apt building)
On the left page: Top > Keate Dwelling- 12x12 (Triangle cabin) > Not titled (New purpose series)- 11x20 (graffiti house)
Bottom: > Bronstad Dwelling- 30x36 (brown wood house) > Waits Dwelling: 12x14´ (red brick home)

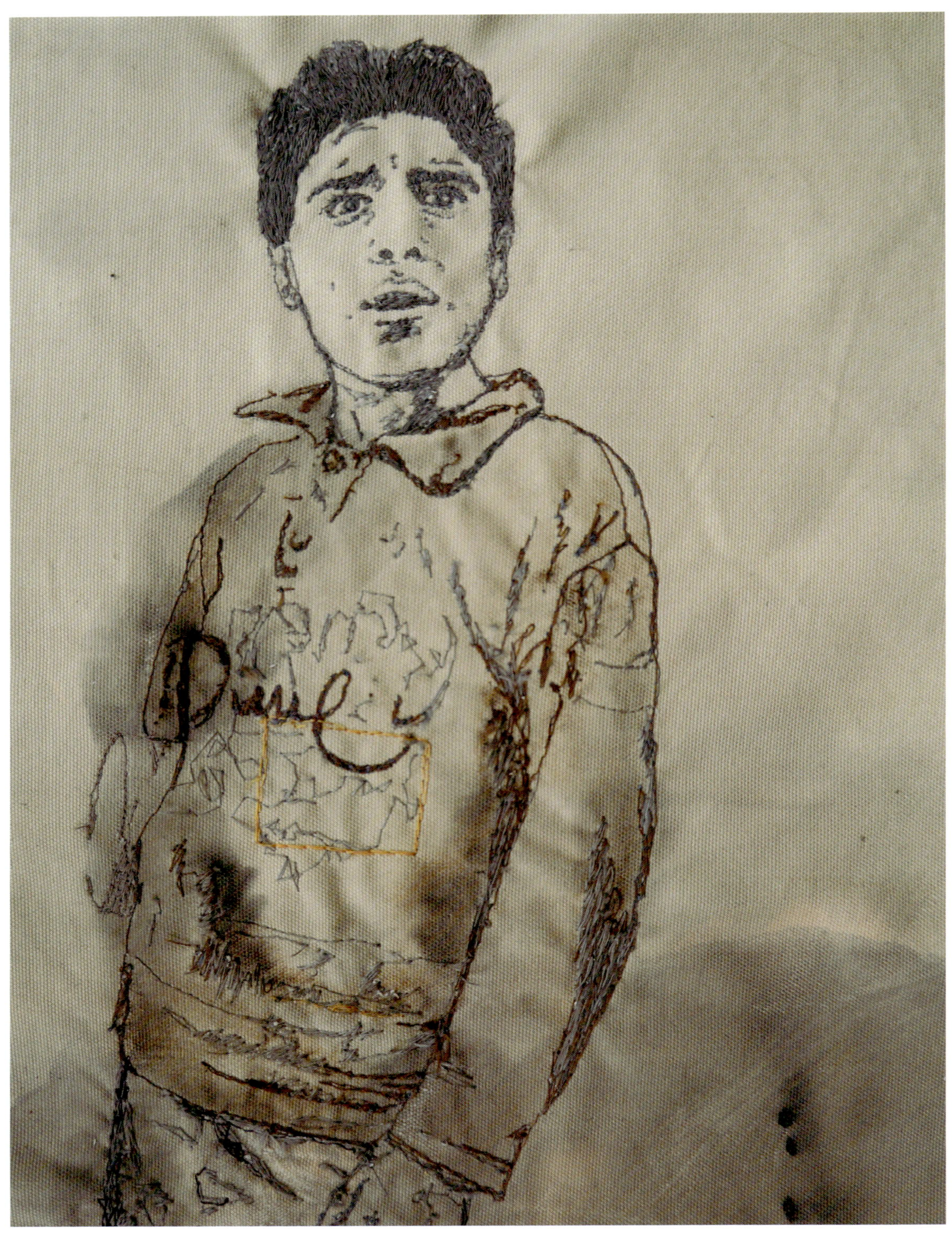

181

sophie strong

www.sophiestrong.com

Sophie Strong's embroidery focuses on themes of powerful emotions, family relationships and extreme circumstances. As a result many of the images are from countries in conflict or with oppressive governments. The drawings are based on photography, from newspapers and her own. Sophie creates new images by making new compositions, altering the colours, and using small sections of the original image. These pieces record specific significant events. She uses embroidery rather than a standard drawing material as she feels it has a longer life line and a sculptural element to it.

Los bordados de Sophie Stron se centran en temas relacionados con las emociones poderosas, las relaciones familiares y las situaciones extremas. Como resultado de ello, muchas de las imágenes son de países en conflicto o con gobiernos opresivos. Los dibujos están basados en fotografías, otros son sacados de periódicos y algunos son suyos. Sophie crea nuevas imágenes haciendo nuevas composiciones, alterando los colores y utilizando partes pequeñas de la imagen original. Estas piezas registran sucesos específicos importantes. Utiliza el bordado más que los materiales utilizados normalmente en dibujo porque cree que el sustento es mayor y que aporta un elemento escultural.

> Candlelight Protest, Amritsar, India (detail), 2013 Size: 68x42cm

> March 2011 necklace (Nine images taken from various newspapers in March 2011), 2011. Size: 33x28cm

beni rivas

www.benirivas.com

Beni Rivas. Self-taught embroiderer, entered the world of textiles with what she'd learnt from her grandmother and sister. Analogue Photography Studio and Teacher. Her embroidery work is teeming with details and colours; scenes of people displaying their garments, miniatures of different subject matters... at the moment she is working on different types of trainers. She starts off with sketches and photos which she then embroiders with outline and filling stitches.

Beni Rivas. Autodidacta del bordado, introducida en el mundo textil con enseñanzas de su abuela y hermana. Estudió Fotografía analógica y Profesorado. Sus bordados están llenos de detalles y colores; escenas de personas mostrando su ropa, objetos en miniatura de diferentes temáticas... Su actual proyecto muestra distintos modelos de sneakers. Utiliza bocetos o fotos iniciales previos que borda con técnicas de relleno y contorno.

On the left page: > Detalle Bordado Puma Disc Blaze Tropicalia. 3 x 1'5 cm

> Detalle proceso bordado, boceto sobre
tela a lápiz y relleno. 10 x10 cm

> Bordado contorno cuerpo y zapatillas Asics Gel Lyte V. 20 x 18 cm

> Bordado contorno Leica MP Film. 20 x 18 cm